Mitten im Trubel

Gerhard Bruns

Mitten im Trubel

Dreiminutenworte zum Aufatmen

Lutherisches Verlagshaus

CIP – Kurztitelaufnahme der Deutschen Bibliothek

Bruns, Gerhard:
Mitten im Trubel:
Dreiminutenworte zum Aufatmen / Gerhard Bruns. –
Hannover: Luth. Verl.-Haus, 1988
ISBN 3-7859-0562-9

Satz, Druck und Bindung:
Th. Schäfer Druckerei GmbH, Hannover
ISBN 3-7859-0562-9

Vorwort

Viele der „Dreiminutenworte“ in diesem Buch sind aus Begegnungen mit Menschen oft „mitten im Trubel“ entstanden, so etwa auf der Messe oder beim Schützenfest, in der Fußgängerzone oder auf dem Weihnachtsmarkt. Oft waren es Gespräche mit Menschen aus sehr unterschiedlichen Berufen. Dabei bekam ich Respekt vor den Mühen ihres jeweiligen Alltags, und ich erlebte sie alle – wie mich selber – auf der Suche nach mehr Leben.

Ich empfand es außerdem als spannend, immer wieder kleine Entdeckungen im Alltag zu machen und auf diese Weise durch Vergleiche und Bilder das einfache Evangelium von Jesus besser zu verstehen. Die Dreiminutenworte wurden seit Anfang 1986 Woche für Woche in den Hannoverschen Tageszeitungen unter dem Motto „Da fällt mir ein“ abgedruckt. Der Norddeutsche Rundfunk hat eine Reihe dieser Texte auch als Morgenandachten gesandt, so etwa die Erfahrungen im Alltag unter dem Thema „Gottesdienst leben“ und die „Vier Kinderspiele und Weihnachten“.

Aus dem Leser- und Hörerkreis kam die Bitte, diese kurzen Worte auch anderen zugänglich zu machen. So entstand dieses kleine Buch. Es ist als eine Einladung an alle gedacht, die Worte zum Aufatmen suchen und brauchen und die offen sind für neue Entdeckungen am Evangelium. Vielleicht verleitet es gelegentlich auch zu einem Lächeln und zum eigenen Weiterdenken.

Hannover, im Januar 1988 Gerhard Bruns

Für Elisabeth

Inhaltsverzeichnis

Kein Tag ohne Liebe

Die Sache muß Hand und Fuß haben

Bitte wenden
Besondere Tage im Jahr

Fit und fromm

. . . und alles Gute!

Auf der Straße treffe ich einen Freund. Wir kennen uns seit Jahren. Jeder nimmt teil an dem, was den anderen bewegt. Das tut gut. Nach einigen Minuten verabschieden wir uns. Ich gehe zu meinem Wagen. Über die Straße ruft mein Freund mir noch zu: „Und alles Gute!“

Während ich zu meinem nächsten Termin fahre, muß ich über den guten Wunsch nachdenken. Zwei Menschen haben mich gebeten, zu ihnen zu kommen. Ihr Streiten geht ihnen an den Nerv.

„Und alles Gute!“ – Ich denke, der Satz ist in diesem Fall leichter gesagt als getan. Aber mein Freund hat mit seinem Wunsch bestimmt nicht nur an mein äußeres Wohlergehen gedacht. Ich wünsche mir, auch das vor mir liegende Gespräch soll darin eingeschlossen sein. Ob es gelingen wird? Ich fühle mich unsicher.

Während ich auf das Haus zugehe, kommt ein Stoßgebet über meine Lippen: „Herr Jesus, laß in diesem Hause alles wieder gut werden!“ – Ich höre viel zu. Es ist eine verfahrene Situation. Für mich ist es wichtig, beide zu verstehen. Langsam wächst ein Stück Vertrauen. Aber erst nach einem langen Gespräch zeigen sich erste Schritte der beiden aufeinander zu. Zwischendurch schießt mir immer wieder der Wunsch meines Freundes durch den Kopf. Mir wird deutlich, wie schwer auch der kleinste Schritt zum Guten und zugunsten des anderen sein kann.

Dabei fällt mir der alte Wunsch ein, den Christen der frühen Kirche einander zugerufen haben „Der Friede des Herrn sei mit dir!“ Ich vermute, sie haben den Frieden Gottes als sehr real erlebt, der Friede, der alles gut werden lassen kann, auch in den schwierigsten Situationen.

Ich drücke dir die Daumen

Zwei Menschen begegnen sich. Der eine sagt: Ich habe heute etwas Besonderes vor, es wird nicht leicht werden. – Der andere antwortet: Ich denke an dich, ich drücke dir die Daumen! – Wahrscheinlich machen wir uns nur selten klar, worauf eine solche Redewendung ursprünglich zurückzuführen ist. Ob meine Vermutung richtig ist: Ich stelle mir vor, da verspricht einer dem anderen, an ihn zu denken, er scheut sich aber, ihm zu sagen: „Ich bete für dich.“ Oder: „Ich falte für dich die Hände.“ Und so sagt er es etwas verschlüsselt: „Ich drücke dir die Daumen.“ Denn beim Händefalten drückt der eine Daumen ja den anderen.

Vielleicht liegt die Entwicklung zu dieser Redewendung schon lange zurück. Jedenfalls ergeht es heute vielen so, sie wollen wohl intensiv an den anderen denken, aber mit dem Beten haben sie wenig im Sinn. Oder doch? – Eines allerdings halte ich für wichtig: Der Daumen und das Denken müssen wirklich zusammengehören. Denn manches Mal wird versprochen, den Daumen zu drücken, und das Denken für den anderen unterbleibt dann doch. Und es ist doch so wichtig, daß wir einander mit guten Gedanken begleiten.

Wir wissen, Gedanken sind Mächte. Und gute Gedanken sind positive Mächte. – Übrigens schließt rechte Fürbitte auch intensives „Für-Denken“ ein. – Im Grunde drükken Christen vielen Menschen die Daumen, wenn sie denn ihre Aufgabe ernst nehmen. Und sie machen dabei eine erstaunliche Erfahrung: Das Beten, auch für die Feunde, wie Jesus es geboten hat, befähigt sie zum neuen Denken und vielfach auch zum veränderten Handeln. Die Daumen haben's in sich.

O, diese Ordnung!

Natürlich, Ordnung muß sein! Wer wollte das bezweifeln? Aber Ordnung ist nicht das halbe Leben. Ich weiß, dauernd etwas suchen und es doch nicht finden, das nervt. Aber zu viel Ordnung kann eben auch nerven. Und wir in Deutschland sind ja ordentliche Leute. Wie gut, daß wir nicht wissen, wie viele Verordnungen es gibt, um unser Leben zu ordnen.

Wen wundert's da eigentlich, wenn wir auch in Sachen Religion so unsere Ordnungen haben, wenn wir auch da alles fein säuberlich einteilen und trennen z. B.: Gott in der Kirche und Geld in der Welt. Am Sonntag im Gottesdienst feierlich, in der Woche dann aber „weltlich". Beten für Kinder und Alte, warum denn nicht? Aber mitten im Leben Profit und Prestige, wie denn sonst?

An solche und ähnliche Aufteilungen und „Ordnungen" haben wir uns längst gewöhnt. Wir nehmen sie als gegeben hin. Aber von dem einen Bereich in den anderen zu kommen, wird zunehmend schwerer. Viele haben es längst aufgegeben. Kürzlich sagte einer: Die Kirchentür kommt mir manchmal vor wie eine Schleuse mit Umkleideraum. Wie kann ich dann noch etwas von draußen nach drinnen mitnehmen und auch wieder von drinnen nach draußen? – Ob darum so mancher Schwierigkeiten hat, im Alltag Christ zu sein?

Da fällt mir ein: Jesus hat doch diese Aufteilung von drinnen und draußen umgestoßen. Demnach gilt die alte Ordnung mit den getrennten Bereichen nicht mehr. Seine Krippe stand draußen und sein Kreuz auch. Mir scheint, erst wenn wir wieder etwas begreifen von dieser „Un-Ordnung" Jesu, dann können wir neu entdecken, daß nach seiner neuen Ordnung Sonntag und Alltag zusammengehören. Macht die Türen auf! Das kann spannend werden.

Ein Tropfen Öl

Die Tür knarrt, das Schloß klemmt, und das Scharnier quietscht. Und oft bleibt es so über Monate oder gar Jahre. Man gewöhnt sich dran. Doch irgendwann ist es lästig. Einer greift zum Ölkännchen. Ein paar Tropfen nur, und alles ist wieder in Ordnung. Warum nicht gleich, sagen dann alle.

Merkwürdig, man nimmt sich zwar vor, das Ölkännchen in Zukunft immer sofort zur Hand zu haben, doch dann verbleibt es wieder im Trubel des Alltags. – Übrigens werden Sie wissen, es gibt nicht nur ein Quietschen der Scharniere und nicht nur ein Knarren der Türen, es gibt auch ein Quietschen und Knarren in zwischenmenschlichen Beziehungen. Um solche „Geräusche“ allerdings wahrzunehmen, braucht es schon ein geschultes Ohr oder ein aufmerksames Auge. Außerdem, so scheint mir, kann man sich auch dabei sehr schnell daran gewöhnen, daß nicht mehr alles so klappt, bis hin zu der traurigen Feststellung, es ginge halt nicht anders.

Manchmal denke ich: Für unsere Maschinen haben wir Wartungsverträge, und wir lassen uns das eine Menge Geld kosten. Aber die paar Tropfen Öl für das menschliche Miteinander vergessen wir leicht. Dabei wissen wir, schon ein freundliches Wort kann ein Tropfen Öl sein, ein lieber Anruf, eine Postkarte, eine kleine Aufmerksamkeit. Wenn ich den anderen spüren lasse, er ist mir wichtig, kann das oftmals bereits manches Quietschen und Knarren aus der Welt schaffen. Der Mensch braucht den Menschen und nicht nur seine Funktionen. Wer nur die Funktionen abfordert, der wird immer wieder mit Quietschen rechnen müssen. – An Tankstellen steht oft der Satz: Bitte den Ölstand prüfen. Ob wir uns dadurch auch an den Tropfen Öl erinnern lassen? Vielleicht ist er überfällig. Aber bitte, gewußt wie!

Ich will Sand sein im Getriebe!

Sand im Getriebe bringt den besten Motor zum Stoppen. Ein Körnchen kann bereits genügen. Je feiner das Getriebe, desto gefährlicher ein Sandkorn. – Warum will ich ein Sandkorn im Getriebe sein? – Weil ich weiß, es gibt zu viel „Getriebe“, das Menschen zerreibt. Mir ist klar, ein solches Sandkorn wird Protest hervorrufen, und es wird Mißdeutungen ausgesetzt sein.

Ein Sandkorn im Getriebe will ich sein

– wo Mächtige ihre Macht mißbrauchen, um andere zu benachteiligen; und es gibt viele kleine Mächtige;

– wo Redegewandte durch ihre Worte andere zum Schweigen bringen, obwohl sie eigentlich zu Wort kommen wollen; und es gibt viele kleine Redegewandte;

– wo Starke durch ihr Können ohne Rücksicht andere an die Wand drücken und ihnen keinen Raum zur Entfaltung lassen; und es gibt viele kleine Starke;

– wo Moralische durch ihr Verhalten andere schulmeistern und ihnen den Weg zur Veränderung verbauen; und es gibt viele kleine Moralische;

– wo Bürokratische durch ihre Art andere entmutigen, für ihr Recht einzutreten, so daß sie lieber verzichten und resignieren; und es gibt viele kleine Bürokratische.

Und wo noch? – Ich merke, es gibt viel mehr Getriebe, als ich dachte. Manchmal bin ich bestimmt selber auch ein Rädchen in einem solchen Getriebe. Ich spüre, es gehört Mut dazu, Sandkorn im Getriebe zu sein. Und diese Art Getriebe ist nicht so leicht zu stoppen. – Aber mir fällt ein, Jesus war in diesem Sinne auch ein Sandkorn im Getriebe zugunsten der Armen und Entrechteten, zugunsten der Kranken, der Ausgestoßenen und der Verzweifelten. Bin ich da nicht in guter Gesellschaft? Wie wär's, wenn Sandkörner sich an vielen Orten zusammenfinden?

Ich wünsch' mir . . .

Ein Aufkleber macht mich nachdenklich. Ich sehe ihn jeden Tag an einem Auto auf dem Weg zur Arbeit. Ein rotes Herz ist darauf abgebildet. Natürlich weiß ich, was damit gemeint ist. Ich lese den Text also: Ich liebe Genuß sofort! – Es ist ein Werbespruch einer Genußmittelfirma. Ich denke, die Werbetexter haben sich wieder einmal etwas Raffiniertes ausgedacht. Sie wissen genau, der Mensch lebt davon, daß er Wünsche hat und daß er sich möglichst viele Wünsche erfüllt. Und das Wirtschaftswachstum steigt, wenn wir unsere Wünsche immer leichter und immer schneller erfüllen. Wer wollte das bezweifeln? „Ich liebe Genuß sofort!" – Aber ich stocke. Wie kommt es, daß ein Mensch, der sich nahezu alle Wünsche erfüllen kann, plötzlich im Gespräch sagt: Ich habe keine Lust mehr!

Ich spüre die Spannung. Auf der einen Seite „Ich liebe Genuß sofort" und auf der anderen Seite „Ich habe keine Lust". Ob das sogar derselbe Mensch sagen kann? – Mir wird deutlich, es kommt sehr darauf an, was der Mensch wünscht. Natürlich muß er zunächst satt werden. Und schön, wenn er wirklich genießen kann und sich an schönen Dingen freut.

Aber mir scheint, wer sich damit zufrieden gibt, der wünscht sich im Grunde zu wenig, der kann arm dran sein, auch wenn er reich ist. Der Mensch lebt davon, was er sich wünscht. Ich denke weiter: Der Mensch lebt davon, daß er akzeptiert wird und andere akzeptiert, daß er gebraucht wird mit seinen Gaben, daß er anderen helfen kann, daß er sich mit aller Kraft und vielleicht mit viel Mühe für eine große Sache einsetzen kann.

Und das geht nicht schnell, und es geht auch nicht leicht. Aber es macht „satt".

Jesus von Nazareth hat die Menschen solches Wünschen gelehrt. Und er hat Menschen auf diese Weise glücklich gemacht. Solches Glück wünsche ich mir. Ich bin sicher, das hat auch etwas mit dem Herzen zu tun. Ob wir dazu ein neues Herz brauchen?

Fit und fromm

Wie klingt das zusammen? – Merkwürdig, das eine ist „in", das andere „out". Wer will nicht fit sein? Wer heute noch fromm? Beide Worte haben sich auseinanderentwickelt. Fit sein ist eine Sache für Muskeln und Sehnen, fromm sein eine Sache für Gefühle und Seelen? Fit und fromm, im Grunde sind es zwei Worte und zwei Welten. Wirklich oder nur scheinbar?

Hätten Sie gewußt, daß beide Worte ursprünglich etwas sehr Ähnliches bedeuten? – Nun, das weiß jeder, fit sein heißt in Form sein, tüchtig sein, durchtrainiert sein, fähig sein. – Aber eine ganz ähnliche Bedeutung hat das Wort fromm ursprünglich auch. Das Lexikon gibt Auskunft. Fromm sein heißt im Mittelalter tüchtig sein, auch tapfer sein. Bei Martin Luther ist ein frommer und getreuer Knecht ein Mann, der seine Arbeit tüchtig und treu verrichtet.

Erstaunlich, das Wort hat im Laufe der Sprachentwicklung seine „Bodennähe" verloren. Es bezeichnet schließlich eine religiös-geistige Haltung. Und so bekam es für viele die Bedeutung von weltfremd und abgehoben.

Wer will dann noch fromm sein? Wir wollen doch mit beiden Beinen auf der Erde stehen.

Da fällt mir ein: Wie großartig ist es, wenn Frömmigkeit mich fähig macht zum Friedenstiften, zur Feindesliebe, zum helfenden Tun. Das ist erdnah! – Ich weiß, dazu gehört gutes „Frömmigkeitstraining". Und wie großartig ist es, wenn Fitneß mich fähig macht, mich gesund zu erhalten, um dann mit meiner Kraft auch anderen zur Seite stehen zu können. Das ist lebensnah! – Ich weiß, dazu gehört viel „Fitneßtraining". –

Das ist sicher: Wer trainiert, entdeckt in sich ungeahnte Fähigkeiten und neue Perspektiven. Das gilt für beide Worte und noch mehr für beide zusammen.

„f. f. – ja bitte!"

Moment mal

Die Dame im Vorzimmer des Chefs sagt auf meine telefonische Anfrage hin: „Moment mal, ich muß eben Rückfrage halten. Sie bekommen gleich Nachricht!" Dann höre ich eine Zeitlang immer wieder nur den kurzen Satz: „Bitte warten", „bitte warten". Und ich möchte am liebsten antworten: „Ich warte ja geduldig!" Aber ich weiß, das hört ja keiner. – Doch da meldet sich die Dame aus dem Vorzimmer wieder. Sie sagt: „Der Chef hat Zeit für Sie, bitte kommen Sie gleich vorbei!" – Auf dem Wege dorthin muß ich darüber nachdenken, wie oft die Sekretärin wohl täglich diesen Satz sagt: „Moment mal, ich will eben Rückfrage halten!" – Dabei fällt mir einer meiner Freunde ein. Er ist Chef einer großen Firma mit vielen menschlichen und auch fachlichen Problemen. Er hat mir erzählt, wenn ihm seine Sekretärin einen Besucher meldet, dann spricht er immer ein kurzes Gebet. Er bittet um Gottes Segen für das folgende, oft nicht leichte Gespräch. Ich finde das erstaunlich: Wie die Vorzimmerdame im Betrieb mit ihrem Chef, so hält er im stillen Rückfrage mit seinem Chef, ja er weiß, Gott ist sein Chef. Er bittet ihn um Geduld und Freundlichkeit für seinen Umgang mit dem Besucher. Ich weiß, diese kurzen Momente der Besinnung sind wichtig für ihn. Man müßte das einmal ausprobieren. Ob das wohl möglich ist?

Knöpfe und Köpfe

Mit einigen Freunden gehe ich über das Messegelände. Wir wollen uns ein wenig umsehen. An einem Stand mit modernster Bürotechnik bleiben wir stehen. Ein Vertreter erklärt gerade einer Gruppe von Besuchern ein neues Gerät. Er sagt: Sie brauchen nur auf den Knopf zu drükken, dann funktioniert alles automatisch! – Wir schauen zu und staunen. Es funktioniert wirklich. – Während wir zum nächsten Stand weitergehen, sagt einer meiner Freunde: Bei uns im Büro gibt es inzwischen eine ganze Reihe solcher Knöpfe. Und das erleichtert unsere Arbeit. Darauf wendet der andere Freund ein: Gelegentlich habe ich den Eindruck, je mehr Knöpfe gedrückt werden müssen, desto mehr Köpfe können bedrückt sein. Und dazu gibt es oft noch Druck von oben. – Ich höre mir sein Wortspiel an und sage: Moment mal, du wirst die Technik doch nicht zurückschrauben können. Wir müssen mit unseren Köpfen eben lernen, mit all den Knöpfen zu leben. Darauf er: Das ist es ja gerade. Wie schaffen wir das, damit wirklich zu leben? Ich meine, in einer Welt, in der alles immer mehr funktioniert, darf der Mensch nicht auf seine Funktionen reduziert werden. Je mehr die Technik der Knöpfe vorangetrieben wird, desto mehr, so scheint mir, kommt es darauf an, die Menschlichkeit der Köpfe zu fördern. Vielleicht ist das Wort Jesu von der Liebe zum Nächsten besonders aktuell, wenn wir zwischen so vielen Knöpfen leben.

Du bist aber eingebildet!

Die junge Dame ist sehr gekränkt. Eine Kollegin im Betrieb hat in einem spitzen Ton zu ihr gesagt: „Du bist aber eingebildet!“ Sie berichtet mir von ihrem Ärger: „Die Atmosphäre ist seitdem ziemlich gespannt. Ich frage mich oft, wodurch ich anderen Anlaß gebe zu einem solchen Vorwurf. Aber ich will meine Wut gegenüber meiner Kollegin nicht einfach abreagieren, ich will sie aber auch nicht länger in mich hineinfressen.“ –

So stellt sie viele Fragen: Wer bin ich eigentlich? Wie verhalte ich mich? Warum verhalte ich mich so? Und wie wirke ich auf andere? – Im behutsamen Gespräch wird ihr deutlich, wie unsicher sie selber im Grunde ist. Natürlich überspielt sie diese Unsicherheit gegenüber ihren Kollegen. Aber offenbar spüren sie es doch. Ob sie deswegen so reagieren? – Im Gespräch geht es kaum noch um ihre Wut gegen die Kollegin, sondern mehr um die Frage: Wie kann ich selber sicherer werden? Wir verabreden einen neuen Termin.

Doch schon am Montag morgen ruft sie mich an. Ihre Stimme klingt ganz anders. Sie berichtet mir von dem Gottesdienst, den sie besucht hat, einfach um ein wenig zur Ruhe zu kommen, wie sie sagt: „Da wurde genau mein Thema verhandelt. Der Pastor sprach über den Menschen, der nach dem Bilde Gottes geschaffen ist. Und dann hat er sehr direkt gesagt ‚Du bist hineingebildet in das Bild Gottes!' –

Dabei fiel mir plötzlich der Satz meiner Kollegin ein. Ich hörte ihn jetzt so ganz anders. Immer wieder habe ich dann für mich wiederholt: ‚Ich bin hineingebildet in das Bild Gottes!'

Und darüber bin ich froh geworden und viel sicherer. Aber das Tollste ist, ich kann jetzt auch anders an meine Kollegin denken. Sie ist doch auch so ‚hineingebildet'!"

Gleichgültig müßte man sein können!

Allerdings jedoch auf eine besondere Art. So etwa könnte ich mir ein Stückchen Gleichgültigkeit vorstellen:

Da sagt einer Schlechtes über den anderen. Und vielleicht hat er sogar Recht mit dem, was er sagt. Dann möchte ich antworten: Das ist mir doch egal! Warum kann ich nicht trotzdem etwas Positives finden, das ich über den anderen sagen kann und dann auch sage?

Da meint ein anderer, er müsse unbedingt dies und das und noch was gesehen haben. Laß ihn doch, will ich zu mir sagen. Warum soll ich trotzdem nicht immer wieder einmal einfach abschalten, auch wenn sonst was auf dem Programm steht. Wie soll ich sonst zu mir selbst kommen? Ich bin mir doch wichtiger als das beste Programm!

Und da kann einer meinen, er müsse sich dies noch leisten und jenes noch kaufen, die anderen hätten es doch auch. – Was soll's! Laß ihn doch! Muß ich denn alles haben, was andere haben? Vielleicht werde ich sogar freier, wenn ich weniger habe! –

„Finden Sie das etwa komisch?“ – Na bitte! – Ich weiß, zu solcher Gleichgültigkeit wird eine besondere Form des sprichwörtlichen „dicken Felles“ gehören. Vor allen Dingen brauche ich dazu auch ein gutes Auge für den Menschen. Ich will mich darum bemühen. Solche „Gleichgültigkeit“, so vermute ich, kann geradezu spannend sein.

Willst du wohl hören!

Die Mutter wird laut. Aber das Kind rührt sich nicht. Es hat längst verstanden, was die Mutter will. Aber es hört weg. Beide sind hilflos. – Wir kennen das. Aus eigener Erfahrung wissen wir, auch Lautstärke hilft dann nicht weiter. Außerdem gibt es dieses „Willst-du-wohl-Hören“ nicht nur in der Kinderstube.

Die Schlagworte, die Schlagzeilen und die Ratschläge rufen: „Willst du wohl hören!“ Und sie können erschlagen. Die Informationssendungen von früh bis spät und die Unterhaltung am laufenden Band rufen: „Willst du wohl hören!“ Und sie nehmen uns in Beschlag.

Willst du wohl hören! – Nein, ich will nicht. Ich will weghören können. Vielleicht muß ich das in unserer „Wortüberflußgesellschaft“ geradezu üben. Zur rechten Zeit weghören und zur rechten Zeit ein Wort für den Weg hören! Glücklich ist, wer das kann, denn davon lebt der Mensch, daß er immer wieder ein Wort für seinen Weg hört.

Da fällt mir ein: Die Bibel berichtet von einem Menschen, der Worte von Gott hört. Er sagt, sie machen seinen nächsten Schritt hell, und sie bringen Licht auf seinen Weg (Psalm 119, V. 105). Aber hier zögere ich: Ob manch einer bei Bibelworten weghört, weil sie ihm mit dem Anspruch „Willst du wohl hören“ vermittelt wurden? Ich bin sicher, Jesus ist nicht mit dem Anspruch aufgetreten „Willst du wohl hören“, sondern mit der Einladung: „Ich erzähle dir von Gott für deinen Weg.“

Bitte erst bremsen!

Der Dreijährige ist auf seinen neuen Roller stolz. Als die Eltern mit ihm spazierengehen wollen, fragt er: „Darf ich meinen Roller mitnehmen?“ Der Vater stimmt zu. Zunächst führt er seinen Sohn. Doch dann will der Junge alleine. Und es klappt. Der Weg führt durch die Straßen der Kleinstadt. Es ist nicht viel Verkehr. Vor Begeisterung hat das Kind rote Backen. Es erobert seine kleine Welt. Gegen Ende des Spaziergangs kommen sie an eine leicht abschüssige Straße. Von Schwerkraft versteht der kleine Junge noch nichts. Er möchte auch hier rollern. So fährt er los, erst langsam, doch dann wird der Roller immer schneller. Der Vater ruft: Halt! Stop! Aber der Junge weiß nicht wie. Schließlich macht er einen Steuerversuch zur Seite, doch schon liegt er auf der Straße. Es gibt ein großes Geschrei, Schürfwunden an den Knien und Kratzer am Roller. Aber die Eltern sind da. Sie schließen ihr Kind in die Arme.

Die Wunden sind nach einigen Wochen verheilt, und die Kratzer am Roller vergessen. Aber die „Lehrstunde“ in Sachen Umkehr habe ich als Vater nicht vergessen. Wenn ich gelegentlich „in Fahrt“ bin, erinnere ich mich an die Rollererfahrungen meines Sohnes. Laute Rufe zur Umkehr helfen mir meist denkbar wenig. Ich brauche viel mehr eine gute Anleitung zum Thema „Bitte erst bremsen!“, und dieses am besten schon vorher. Wer hilft mir, zur Ruhe zu kommen und zur Besinnung? Das richtige Bremsen will doch nicht nur auf dem Roller gelernt sein. Glücklicherweise gibt es dazu viele Wege. Eine gute Hilfe kann in solchen „In-Fahrt-Situationen“ übrigens auch ein Mensch an meiner Seite sein, der mir einfach zuhört, der mich versteht, der mir keine Ratschläge gibt, der mich meinen Weg finden läßt, der mich einfach annimmt, wie ich bin. Dann lerne ich zu bremsen und werde auch fähig umzukehren.

Wissen Vatis immer den Weg?

Die Tochter sitzt vorn beim Vater auf dem Fahrrad. Sie ist stolz. Der Vater hat Zeit für mich! – Gemeinsam fahren sie durch die Felder und auf den nahen Wald zu. Es dämmert bereits ein wenig. Und der Wald sieht schon richtig dunkel aus.

Während sie den Waldweg entlang fahren, wird das kleine Mädchen unruhig. Wo geht es hin? Wie kommen wir wieder nach Hause? Schließlich wendet es sein Köpfchen zum Vater und fragt mit leiser Stimme: „Wissen Vatis immer, wo der Weg lang geht?“ – Der Vater streicht seiner Tochter mit der Hand über den Kopf. Er spürt, sie hat Angst vor dem dunklen Wald. Dann sagt er mit ruhiger Stimme: „Ja, Vatis wissen immer, wo der Weg lang geht!“ – Eine Weile fahren sie weiter durch den Wald. Es ist ganz still. Plötzlich spürt der Vater, wie sich das kleine Händchen seiner Tochter über seine Hand am Lenkrad legt. Sie sagt nichts, aber das Händchen sagt alles. Der Vater ist da, darum bin ich geborgen, auch mitten im Dunkel.

Auf die Dreijährige könnte ich neidisch sein. Nein, drei Jahre alt wollte ich nicht wieder werden. Aber die Erfahrung der Geborgenheit, das wünsche ich mir. Und ich wünsche es für andere, die Angst kennen. Es gibt so viele dunkle Wege in unserer Welt.

Wissen Vatis immer, wo der Weg lang geht? Die Antwort des Vaters an seine kleine Tochter kann ich gut verstehen. Aber wie sieht eine solche Antwort für mich aus? Ich weiß, Jesus hat einmal gesagt: „Ich bin der Weg!“ Aber was bedeutet das für meinen Weg? Ich staune, sein Weg führte wirklich durch das Dunkle, von der Krippe bis zum Kreuz. Ja, ich möchte meine Hand in seine Hand legen können. Ob Glauben so etwas ist wie Hand in Hand? Und das auch im Dunkel! – Gott kommt ins Dunkel.

Das fehlende Wort

„Gucken Sie mal, welch einen schönen Ausblick ich hier habe!“ sagt die alte Dame, die ich im Krankenhaus besuche. Durch einen schweren Schlaganfall ist sie plötzlich in allen Dingen auf die Hilfe anderer angewiesen. Und trotzdem erlebe ich sie dankbar. Ich staune darüber. Ich kenne sie gut und weiß, wie wichtig für sie der Glaube an Jesus

Christus ist. Aus ihren Worten spüre ich, wie sie bemüht, jetzt auch mit ihrer Krankheit zu leben.

Eines aber scheint ihr besonders zu schaffen zu machen. Offenkundig wird es ihr jedoch schwer, darüber zu sprechen. Nur sehr zögernd kommt es ihr über die Lippen. Sie will auch nicht schlecht über andere reden: „Einmal haben sie mich eine dreiviertel Stunde trotz Rufen und Klopfen auf dem ‚Örtchen' sitzen lassen." Aber sie fügt schnell hinzu: „Das eigentlich Schmerzliche daran ist für mich, daß bei denen, die mich versorgen, offenbar ein Wort in ihrem Wörterbuch fehlt. Sie können nicht sagen: Entschuldigen Sie bitte. Und das tut weh!"

Sehr nachdenklich gehe ich nach Hause. Die Aussage von dem fehlenden Wort läßt mich nicht los. Merkwürdig, plötzlich fallen mir viele Orte ein, wo Menschen miteinander zu tun haben, wo sie zusammenleben und zusammenarbeiten, oft sogar auf engem Raum, aber wo sie gelegentlich einfach einander „sitzen lassen", weil ihnen das besagte Wort fehlt. Sie bringen es nicht über ihre Lippen zu sagen: „Entschuldige bitte!"

Da fällt mir ein, die Bibel spricht in diesem Zusammenhang von dem lösenden Wort, wenn Menschen diesen Satz sagen. Und ich weiß, wie erlösend dieses „fehlende Wort" wirken kann. Im Grunde möchte ich allen gratulieren, die es wiederfinden.

Die Lerche schwingt sich in die Luft

Oh, das muß ich erzählen. Ich sitze an meinem Schreibtisch am offenen Fenster. Mein Kopf brummt. Probleme machen mir zu schaffen. Draußen höre ich eine Lerche zwitschern. Ich beneide sie. Sie hat's gut, denke ich. Plötzlich merke ich, sie hat aufgehört mit ihrem Lied, und einige Augenblicke später entdecke ich sie auf meinem Gartenzaun. Sie blickt zu mir herüber und zwitschert mir einen Gruß zu. Es kommt zwischen uns zu einem kleinen „Zwitscher-Plausch". Erst verstehe ich nur wenig. Aber nach und nach wird es besser.

„Sing mal wieder!" zwitschert sie gerade zu mir herüber. Offenbar spürt sie, daß ich bedrückt bin. Ich antworte ihr: „So gut wie du möchte ich es auch mal haben, in der frischen, freien Luft nach Herzenslust singen können." – Sie schüttelt ihr kleines Köpfchen. Ob ich sie beleidigt habe? Das wollte ich doch nicht. Da zwitschert sie mir leise zu: „Ich möchte dir eine kleine Lerchen-Weisheit verraten, darf ich das?" – „Und die wäre?" frage ich. „Oh", antwortet sie, „ich weiß nicht, ob du es verstehen wirst, aber ich zwitschere mein Liedchen nicht nur, wenn es mir gut geht, sondern gerade, wenn ich Kummer habe. Zwitschern und Singen ist für mich die beste Medizin."

„Wieso, hast du denn auch Kummer?" – „Das werdet ihr Menschen wieder kaum nachfühlen können. Aber heute morgen zum Beispiel konnte ich es in meinem Nest kaum noch aushalten, so giftig stank die Luft, ich weiß nicht wovon. Da habe ich mich aufgeschwungen in den blauen Himmel, einfach um zu singen." –

Plötzlich ist meine Zwitscherpartnerin auf und davon. „Schönen Dank noch für deine Lerchen-Weisheit", rufe ich ihr noch nach. Dabei kommt mir das Lied in den Sinn „Geh aus mein Herz und suche Freud!" – Gilt das auch für mein trauriges Herz?

Ich kann mir Gott nicht vorstellen

Wenn der Hahn kräht . . .

Der neue Hahn auf der Spitze des Kirchturms der Marktkirche in Hannover leuchtet weit über die Stadt. Viele erinnern sich noch daran, daß sein Vorgänger während der Turmreparaturarbeiten gestohlen wurde. An dem neuen Hahn kann jetzt jeder sehen, woher der Wind weht. Der Hahn auf dem Turm ist ja auch ein Wetterhahn. Aber er ist es eben nicht nur.

Ein Hahn, wie wir ihn gerade auf Türmen evangelischer Kirchen finden, hat ursprünglich eine ganz andere Bedeutung. Allerdings gibt es dazu zwei unterschiedliche Überlieferungen. Nach der einen Überlieferung erinnert der Hahn auf dem Turm an den Hahn, der dreimal gekräht hat, als Petrus Jesus verleugnete. Demnach wäre der Hahn ein immer neuer Ruf zur Wachsamkeit, eine Aufforderung zur Gewissensprüfung.

Nach der anderen Überlieferung erinnert der Hahn an den frühen Morgen, bevor die Sonne aufgeht. Das ist die Zeit, zu der Jesus Christus von den Toten auferstand. So ließen sich die Christen in der frühen Kirche durch den Hahn an den Sieg Gottes über den Tod erinnern. Für sie war er ein Symbol der Freude und des Neuanfangs. Solche Erinnerung war für sie wichtig, gerade wenn sie verfolgt wurden.

Ich denke, beide Überlieferungen haben ihre Bedeutung für den Alltag. Aber – so überlege ich – kann gelegentlich der eine „Hahn" den anderen ganz zum Schweigen bringen? Wie ist es etwa, wenn jemand die Kirche nur noch als Ruf zur Wachsamkeit, als Appell verbunden mit schlechtem Gewissen erlebt? Es wäre schmerzlich, wenn dann die Freude am Glauben auf der Strecke bleibt.

Gott ist sympathisch!

So hatte ich den Satz noch nicht gehört. Das gebe ich gerne zu. Er ist wohl auch ungewöhnlich. Ich las ihn in einem Buch, und ich stockte sofort. Was der Schreiber des Buches mit diesem kurzen Satz wohl meint? Soll ich mir Gott etwa wie einen netten Menschen vorstellen? Soll ich lernen zu sagen: Gott, du bist mir sympathisch, ich mag dich! – So jedenfalls, oder so ähnlich verstehe ich gewöhnlich das Wort „sympathisch".

Natürlich wollte ich der Sache auf den Grund gehen. Darum las ich im Buch weiter. Der Satz wurde ausführlich erklärt. Demnach ist Gott, wie Jesus von Nazareth ihn vorstellt, nicht ein Gott irgendwo über den Wolken, nicht irgendwie jenseits allen Leides. Er ist auch nicht ein Gott, der über die Menschen lacht und über ihren Hochmut spottet. So nämlich stellten sich Menschen in der Antike ihre Götter vor.

Durch Jesus lernen wir Gott ganz anders kennen. Er ist nicht der, der den Menschen Leid schickt. Im Gegenteil! Er ist der, der sich selbst in das Leid der Menschen schickt. Gott steht bei den Menschen im Leiden, und so ist er „sym-pathisch", genau wie dieses Wort ursprünglich „mit-leiden" bedeutet.

Die Vorstellung eines in diesem Sinne „sympathischen" Gottes war zur Zeit Jesu unvorstellbar. Darum wurde Jesus schließlich auch gekreuzigt. Doch dadurch wird deutlich, er liebte die Menschen nicht nur „bis hierher und nicht weiter". Nein, er hat geliebt und gelitten bis zum Tode.

So konnte sogar Pilatus, einer seiner Gegner, sagen: „Sehet, welch ein Mensch!" Ob er sogar geahnt hat: „Sehet, welch ein Gott!" –

Mensch, Jesus! Wie lange werde ich brauchen, bis ich solche Sympathie begreife?

Herr Gott, noch mal . . .!

Der Aufschrei klang hart. Ich bekam einen Schrecken. Der Mann war mit der Reparatur seines Autos beschäftigt, und es wollte und wollte ihm nicht gelingen. Plötzlich schrie er aus Verzweiflung „Herr Gott, noch mal . . .!“ –

Seine Wut konnte ich gut verstehen. Er tat mir wirklich leid. Am liebsten hätte ich mit ihm darüber gesprochen. Aber zunächst war ich noch zu sehr mit mir selbst beschäftigt. Mir schoß der Gedanke durch den Kopf, ist das nicht ein Mißbrauch des Namens Gottes?

Aber sofort sagte ich mir: Vorsicht, das ist doch ursprünglich ein Gebetsaufschrei. So eine Art Stoßgebet aus großer Verzweiflung. Dem Mann war es bestimmt gar nicht mehr bewußt, daß er sich an Gott gewandt hatte. Aber es war ein Aufschrei aus der Not.

Da fällt mir ein: In der Bibel werden einerseits ganz andere und andererseits doch vielleicht ähnliche Situationen beschrieben. Da lebten etwa Menschen als Gefangene in der Wüste vor Babylon. Jerusalem und der Tempel sind zerstört. Sie sind völlig verzweifelt. So wie ihre Väter können sie nicht mehr glauben. Andere verspotten sie sogar wegen ihres Gottes, der sie offensichtlich im Stich gelassen hat. Der 42. Psalm berichtet davon.

Doch in dieser Situation schreien sie zu Gott „Herr Gott, noch mal . . .!“ – „Herr Gott, laß uns dich noch mal erfahren!“ – Ernsthaft werden sie kaum damit gerechnet haben, in der Wüste Gott wirklich zu finden. Aber ihre Verzweiflung ist groß. – Ob es doch gewisse Ähnlichkeiten mit der Situation des Mannes mit seinem Auto gibt?

Es ist übrigens überraschend, die Bibel erzählt, wie die Menschen in der Wüste tatsächlich Gott ganz neu begriffen haben, und daraufhin haben sie „Gott sei Dank!“ gesagt und auch gesungen. Übrigens ebenso impulsiv, wie sie vorher klagend geschrien haben. Und aus solchem „Gott sei Dank!“ ist schließlich das Lied von der Schöpfung entstanden, das wir bis heute auf den ersten Seiten der Bibel finden (1. Mose 1).

Der Streit ist schmerzlich!

Für Sie vielleicht gar nicht einmal. Für mich jedenfalls – und für viele andere. Da streiten sich einige über die Bedeutung der Jungfrauengeburt Marias für unseren Glauben. Die Meinungen gehen weit auseinander. Sie scheinen geradezu unvereinbar. Kürzlich hat die Presse diesen Streit übrigens ausführlich aufgegriffen.

Die einen sagen: Die Jungfrauengeburt halten wir nicht für möglich. Eine Befruchtung der weiblichen Eizelle ohne männlichen Samen ist nicht denkbar. Wir können das nicht glauben. – Und die anderen sagen: Wir halten an der Jungfrauengeburt fest. Wir müssen daran festhalten. Damit steht und fällt unser Glaube an Jesus, den Erlöser.

Und beide Gruppen meinen es ernst. Sie suchen, jede auf ihre Weise, ihren Weg zum Glauben. Aber es fällt ihnen schwer, den Weg des jeweils anderen auch als möglich und als christlich anzusehen. Das empfinde ich als schmerzlich. Noch schmerzlicher jedoch erscheint es mir, wenn dann jemand sagt: Weil man von mir verlangt, an die Buchstäblichkeit der Jungfrauengeburt zu glauben, bleibt für mich der Zugang zum christlichen Glauben insgesamt verschlossen. – Oder aber: Bei jemandem, der auf die Buchstabentreue pocht, kann der Glaube auf eine Weise erstarren, daß er nicht mehr befreiend und schon gar nicht beflügelnd wirkt.

Für mich ist dieser Streit beendet. Ich weiß, im Neuen Testament wird auf vielfältige Weise versucht, in Worte zu fassen, daß Jesus wirklich Mensch ist und gleichzeitig wirklich Gott. Es wird versucht mit Vergleichen, mit Bildern, mit Beschreibungen, und doch ist das Wunder immer größer. Es ist nicht zu fassen. Auch der Satz „von der Jungfrau Maria geboren“ ist ein solcher Versuch. Seit ich das weiß, kann ich meinen Glauben bekennen, ohne über Buchstaben zu stolpern. Glücklicherweise!

Die pfiffige Antwort

Im Religionsunterricht der 5. Klasse unterhielten wir uns über Menschen in der Bibel. Wir sprachen über Abraham und Moses. Wir lasen die Geschichten von Saul und von David. Dabei stellten wir fest, sie alle sind von Gott zu besonderen Aufgaben gerufen. Aber es sind alles Menschen nicht nur mit kleinen Fehlern und Schwächen, sondern sie haben zum Teil auch schwere Schuld auf sich geladen. Daraufhin fragten die Schüler: Warum hat Gott gerade diese ausgewählt? – Wären Vorbildlichere nicht überzeugender gewesen? Und wie konnten sie trotzdem zu „Vätern des Glaubens“ werden? – Die Antworten erwiesen sich als gar nicht so leicht.

Schließlich stellte ich eine Gegenfrage: Wen unter uns würde Gott wohl rufen, wenn er nur Vorbildliche auswählte? – Einige Augenblicke herrschte betretenes Schweigen. Mir war klar, es würde sich niemand melden. So versuchte ich, die Schüler ein wenig zu provozieren, und bemerkte beiläufig: Na, mich doch bestimmt! – Darauf kam prompt die pfiffige Antwort eines jungen Burschen: Na, Sie schon lange nicht! – Die ganze Klasse lachte. Der Junge hatte den Nagel auf den Kopf getroffen.

Seine treffende Antwort hat mich seitdem begleitet. Manchmal muß ich mir den Satz selber sagen, wenn ich in der Gefahr stehe, mir etwas einzubilden. Aber noch wichtiger ist mir etwas ganz anderes geworden: Ich werde nicht von Gott gerufen und gebraucht, weil ich wer weiß wie vorbildlich bin, sondern es ist andersherum: Weil ich von Gott gerufen werde, weil ich von ihm geliebt bin, darum bin ich unendlich wertvoll. Und im Grunde gilt dann die pfiffige Antwort des Jungen jetzt auch so: Wenn das so ist, wen will Gott aus solcher Liebe ausschließen? – Antwort: Na, Sie schon lange nicht! Aber wie lange dauert es, bis wir das begreifen?

Das ist die Lösung!

Das gibt's: Da sitzen Menschen tagelang beieinander. Sie diskutieren und streiten. Sie suchen nach Lösungen und finden sie nicht. Sie wollen aufgeben und machen doch weiter. Schließlich kommt einer mit einer zündenden Idee, und alle rufen: Das ist die Lösung! Warum sind wir darauf nicht eher gekommen? –

Mir scheint, ähnlich erleben viele Menschen die Frage nach Gott. Zugegeben, viele haben diese Fragen längst aufgegeben oder weggeschoben. Viele andere aber – übrigens mehr als mancher meint – suchen weiter. Sie diskutieren, hören, lesen, verzagen, verzweifeln und fragen: Wie ist Gott? Ich kann mir Gott nicht vorstellen.

Überkommene Meinungen über Gott sind tief verwurzelt: Er ist fern, mächtig, zornig, unnahbar, nicht zu begreifen. Vor ihm haben wir immer ein schlechtes Gewissen.

Und bei alledem bleibt das Wort von der Liebe Gottes auf der Strecke.

Da fällt mir ein: Da kommt einer und sagt, Gott ist anders. Gott ist sichtbar geworden in Jesus. So ist Jesus, so ist Gott. Gott ist Liebe. Die Macht der Liebe überwindet die Macht der Stärke. Diese Liebe gilt dem Ausgestoßenen, dem Armen, dem Sünder. Diese Liebe kostet ihn das Leben und bringt dem Menschen eine unglaublich neue Gotteserfahrung.

Das ist kaum zu fassen. Und das wird eindeutig am Kreuz, endgültig deutlich. Und darauf können wir antworten: Das ist die Lösung! Darauf konnten wir nicht kommen. Jetzt verstehe ich, wenn die Bibel von „Erlösung" spricht. Es ist auch die Lösung von dem überkommenen Gottesbild. Eine befreiende Lösung.

Er muß einen Schutzengel gehabt haben!

„Eine Geschichte, die zu schön ist, um wahr zu sein, aber die den Vorteil hat, daß sie vor kurzem tatsächlich so geschehen ist." So berichtet Peter Hahne, der ZDF-Redakteur, auf einem Kongreß in Zürich:

Ein Autofahrer startet seinen Wagen. Da klopft jemand an die Scheibe mit den Worten: Wissen Sie eigentlich, daß Gott seinen Engeln befohlen hat, daß sie über Ihnen seien und Sie auf allen Wegen behüten? – Kopfschüttelnd über solchen „Unsinn" fährt er auf die Autobahn. Nach wenigen Kilometern schert mitten im Überholvorgang ein Lastwagen nach links aus und fährt den Pkw zu Schrott. Übrig bleiben von dem Auto ein paar verstreute Trümmer, aus denen – wie durch ein Wunder – der Fahrer fast unverletzt herauskriecht. Trotz Schockzustand hört er, wie ein Polizist zum anderen sagt: „Der muß aber einen Schutzengel gehabt haben!" –

Ein Lkw-Fahrer nimmt den Mann bis zum nächsten Ort mit. Worüber soll man sich mit einem so unter Schock Stehenden schon unterhalten? So schaltet er das Autoradio ein, wo genau in diesem Augenblick die achtstimmige Motette von Mendelssohn-Bartholdy beginnt:

„Denn er hat seinen Engeln befohlen über dir, daß sie dich behüten auf allen deinen Wegen.“ (Psalm 91) –

Ist solch ein Bericht ein Beweis für Engel? Ich meine, nein. Engel können nicht bewiesen werden, genausowenig wie Gott. Aber gibt es sie doch? – Ein Freund sagte zu mir: Die Geschichte der Bewahrungen ist noch nicht geschrieben! – Bestimmt bin ich öfter – von Engeln? – bewahrt worden, als ich es weiß. So wage ich immer wieder mit Worten Martin Luthers zu beten: Ich befehle mich, meinen Leib und meine Seele und alles in deine Hände; dein heiliger Engel sei mit mir, daß der böse Feind keine Macht an mir finde.

Ich verbinde!

Das Telefon klingelt. – „Ich möchte Frau M. sprechen.“ – „Ich verbinde.“ – Das Telefon klingelt wieder. – „Können Sie mich mit Herrn K. verbinden?“ – „Ich verbinde.“ – Es klingelt. – „Ich verbinde.“ Es klingelt immer wieder und immer wieder: „Ich verbinde.“

Die Dame im Sekretariat bewundere ich. Sie stellt Verbindungen her. Sie tut es freundlich. Sie tut es mit Geduld. Ich möchte ihr danken. Ich möchte ein Hoch ausrufen auf alle Damen und Herren, die verbinden.

Auf gute Verbindungen kommt es an. Ich weiß, in einem Sekretariat geht es oft rund. Schreiben empfangen, ordnen, anhören, Kaffee kochen, rechnen, trösten, verbinden . . .

Jetzt höre ich das Wort noch einmal neu „ich verbinde“. – Wer verbindet, wo jemand Trost braucht? Wer verbindet, wo sich jemand verletzt fühlt? Wer verbindet, wenn sich jemand geärgert hat? –

Wie viele Menschen wollen im Grunde „verbunden“ werden? So ein Sekretariat kann – auch so gesehen – zu einem richtigen „Verbindungs“-raum werden. Verbinden durch ein freundliches Wort. Verbinden durch ein zuhörendes Ohr, verbinden durch ein freundliches Lächeln.

Das ist sicher, dazu gehört mehr als Knöpfchen drücken und Ruhe bewahren. Dazu gehört Köpfchen mit Herz und Humor. Dazu gehört ein guter Geist. „Der Geist macht die Musik.“

Da fällt mir ein, Jesus hat seinen Leuten den guten Geist versprochen. Der gute Geist Gottes ist auch der Geist, der verbindet. Und das Versprechen Jesu gilt bestimmt auch für das moderne Büro. Aber nicht nur für dort.

Dieser Geist kann – so meine ich – auch durch die beste Kommunikationstechnik nicht ersetzt werden. Oh, guter Geist, „begeistere mich"!

Drunter und drüber!

Wir haben es mit Begeisterung gespielt. Zum Schluß ging es immer drunter und drüber. In einer kleinen Runde saßen wir beieinander. Die Hände auf dem Tisch bildeten einen Turm. Erst langsam und dann immer schneller zogen wir die unteren Hände heraus und schlugen oben drauf. Es hat Spaß gemacht, ein herrliches Gesellschaftsspiel, und die Erwachsenen haben mitgespielt.

Erst sehr viel später habe ich entdeckt, das ist auch ein Spiel in unserer Gesellschaft. Wir spielen es mit Eifer. Wir haben unsere Finger „im Spiel", aber im richtigen Augenblick ziehen wir uns aus der Affäre, und wir geben dem anderen „eins drauf". Wie schnell wird daraus ein verworrenes Drunter und Drüber. Wir empören uns, wir wischen dem anderen eins aus. Wir sind es nicht gewesen, wir hauen drauf. Es ist ein Spiel ohne Ende mit viel Schmerzen.

Da fällt mir ein: Hat Jesus diesem Spiel nicht eine andere „Spielregel" gegeben? Das Drunter und Drüber gab es zu seiner Zeit genauso wie heute. Er aber sagt: Liebet euch untereinander! Ich höre daraus die neue Spielregel. Hebt empor, statt euch zu empören. Zieht euch nicht aus der Affäre, sondern behaltet eure Hände im Spiel, indem ihr den unterstützt, der unten liegt, dem aufhelft, der bedrückt ist, den stärkt, der schwach ist. –

Eine spannende Spielregeländerung. Jesus sagt sogar, an dieser veränderten Spielregel wird man die erkennen, die zu ihm gehören (Johannes 13,35). Beim Kinderspiel mag es bei der alten Spielregel bleiben. Für unser Miteinander in der Gesellschaft wird es auf die neue Spielregel ankommen. Jeder neue Mitspieler ist ein kleines Wunder. Spielen Sie mit?

1:3

Ein so offenes Gespräch gibt es nicht alle Tage. Der junge Mann sitzt mir gegenüber. „Es ist wie ein Teufelskreis", sagt er. „Ich ärgere mich über andere und schiebe ihnen die Schuld zu. Und dann schimpfe ich schon wieder mit mir selbst!" – Er nimmt seine Hand zur Hilfe, um mir deutlich zu machen, was er meint. „Sehen Sie, mit einem Finger zeige ich auf den anderen, und gleichzeitig weisen drei Finger auf mich zurück. Ich verdamme mich richtig selbst, daß ich so bin, wie ich bin. Und immer verliere ich dann 1:3 und gehe dabei kaputt. Natürlich haben dann wiederum die anderen darunter zu leiden, daß ich so wenig mit mir selber zu Rande komme."

Sehr zurückhaltend spricht er von Gott. Die Erinnerung, wie ihm Gott als Kind vermittelt wurde, ist ihm offenbar heute noch schmerzlich. „Immer dieser moralische Zeigefinger und überall das schlechte Gewissen!" So bricht es aus ihm heraus. Er hadert mit Gott und mit der Kirche und mit sich selbst. Aber trotz allem – oder gerade deswegen – ist er auf der Suche nach einer neuen Erfahrung. „Wie kann ich Gott finden? Kann ich vielleicht sogar mit anderen gemeinsam glauben lernen?"

Es ist ihm klar, mit ein paar klugen Worten über Gott und die Bibel ist ihm nicht geholfen. „Das muß mit meinem ganzen Leben zu tun haben!" sagt er sehr eindringlich. Dabei legt er seine Hand auf den Bauch. Ich spüre, wie er darunter leidet, noch keinen Ausweg gefunden zu haben. Wir verabreden uns neu, um uns Zeit zu nehmen für eine Spurensuche.

Dabei fällt mir ein: Bei Jesus haben die Menschen nicht 1:3 verloren. Bei Jesus haben die Menschen gewonnen. Hat er nicht gerade die, die bisher Verlierer waren, glücklich gepriesen?

Mir scheint, auf die „Wende im Spiel" kommt es an.

Siehste!

Oh, das kann ich ganz und gar nicht haben, wenn jemand „Siehste!" zu mir sagt. Ich fühle mich dann geschulmeistert. Wieder einmal habe ich nicht Bescheid gewußt, und der andere hatte Recht. Er spielt es mir gegenüber sogar noch aus und sagt „Siehste!“ – Nein, „Siehste“-Sager gefallen mir nicht.

Merkwürdig, denke ich, offenbar gibt es auch religiöse „Siehste“-Sager. Ihnen gegenüber bin ich besonders allergisch. Sie sind so sicher, und sie wissen alles besser. Man fühlt sich mickrig in ihrer Gegenwart. Sie begegnen mir, als wollten sie sagen: „Wann begreifst du es denn endlich?“ – Und wenn ich es trotzdem nicht einsehen kann, erscheine ich ihnen als widerspenstig. Religiösen „Siehste“-Sagern gegenüber verschließt sich in mir alles. Ob es anderen ähnlich ergeht?

Dabei fällt mir ein: Jesus ist kein solcher „Siehste“-Sager. Im Gegenteil, er ist alles andere als das. Er lädt Menschen ein zum Sehen. „Komm und sieh!“ so sagt er zu einem, der nach ihm fragt. In Geschichten und Bildern erzählt er von Gott. Er macht die Liebe Gottes anschaulich. Und immer, wenn er etwas besonders Wichtiges sagen will, sagt er vorher „Siehe!“ Er will Menschen aufmerken lassen. Sie sollen die neue Botschaft von Gott nicht verpassen.

Mir wird deutlich, es ist ein großer Unterschied zwischen den „Siehste“-Sagern dieser Welt und diesem Mann von Nazareth. Er sagt zu mir: Siehst du? – Kannst du es sehen? – Mir scheint, bei Jesus können Menschen über das Sehen das Staunen lernen, und über das Staunen bekommen sie nach und nach ein Auge für den Gott der Liebe. Für mich ist es nicht verwunderlich, wenn Menschen durch die ganz andere Gott-Anschauung eine neue Welt-Anschauung bekommen. Und wie sollte das ohne Auswirkungen bleiben auf ihr Tun?

Das ist doch nicht so schlimm!

Weinend kommt die kleine Tochter nach Hause. In der Klavierstunde hat es Ärger gegeben. Die Mutter versucht zu trösten. Sie sagt: „Das ist doch nicht so schlimm! Es wird schon wieder werden!“ –

Doch die Tochter ist untröstlich. Voller Wut sitzt sie in ihrer Ecke und weint. Sie kommt über ihren Kummer nicht hinweg. Die Eltern sind ratlos. Was sollen sie bloß machen? Sie sprechen mit Freunden darüber.

In der nächsten Woche ist es dasselbe Lied. Kaum ist die Tochter durch die Haustür gekommen, schreit sie voller Protest: „Ich gehe da nicht mehr hin." Und es folgt eine Reihe von starken Schimpfworten. Dieses Mal reagiert die Mutter anders: „Das ärgert dich so richtig. Es ist auch wirklich schlimm für dich!" –

Nach einigen Minuten wird es überraschend still in der Wohnung. Die Tochter horcht auf, sie fühlt sich verstanden. Bald danach kann sie sogar mit ihrer Mutter über ihre Wut sprechen. Und die Mutter hört zu. Ihr wird klar, die Tochter braucht einfach Raum für ihren Ärger. Fehlt ihr das, so wird es immer nur ärger. Beim Gute-Nacht-Kuß sagt sie leise: „Mutti, du bist doch die Beste, du verstehst mich!"

Da fällt mir ein, die Tochter-Rolle kenne ich, und wie gut kenne ich die! Ich kann wütend werden, wenn mich jemand nicht versteht oder meinen Kummer bagatellisiert, indem er sagt, das ist doch nicht so schlimm! –

Aber die Mutter-Rolle kenne ich auch, vielleicht sogar noch besser. Ich weiß, wie schnell der Gesprächsfaden reißen kann, wenn ich des anderen Gefühle nicht ernst nehme, und dann läuft oft nichts mehr. –

Ich spüre, Lieben heißt zunächst vor allem Verstehen, dem Ärger Raum geben, dem Schmerz Zeit lassen. Und auf solchem Boden kann Vertrauen wachsen. Gott sei Dank!

Gottesdienst leben
Erfahrungen im Alltag

Ehre sei dem Vater . . .

Ich besuche einen guten Bekannten. Er ist Abteilungsleiter in einem Bürohaus. In der Eingangshalle finde ich seinen Namen unter vielen anderen auf einer Tafel. Ich frage mich durch zu seinem Zimmer. Wir begrüßen uns. Dann frage ich ihn: Na, wie viele Chefs habt ihr denn hier im Haus, und wer hat schließlich das Sagen? –

Er überlegt einen Augenblick und sagt dann mit etwas Humor, aber auch mit etwas Bitterkeit in seiner Stimme: Weißt du, das ist gar nicht einfach zu sagen. Ich denke manchmal, du mußt dir neben der großen Hinweistafel in der Eingangshalle noch eine zweite vorstellen. Soll ich dir sagen, was auf dieser Tafel stehen müßte? – Ich bin gespannt, es zu erfahren. Er sagt: Es ist immer das alte Lied: Bei der praktischen Arbeit haben manchmal ganz andere Mächte das Sagen. So der kleine Machtkampf zwischen zwei Kollegen oder die feinen Sticheleien der Mitarbeiter untereinander, aber auch die heimlichen Intrigen, der Ehrgeiz oder der Neid. – Aber weißt du, alle diese Chefs bekommst du nie zu fassen. Sie sind unsichtbar und üben doch Macht aus.

Ich wende ein und frage, ob das nicht doch etwas übertrieben sei. Er wehrt ab und meint: Wenn du wüßtest! Und dann berichtet er von einigen Beispielen und macht mir deutlich, wie das so läuft. Jetzt verstehe ich ihn gut. Das Gespräch wird länger als geplant. Schließlich verabschieden wir uns. Aber das, was er mir gesagt hat, läßt mich nicht mehr los.

Es beschäftigt mich die ganze Zeit, sogar am Sonntagmorgen in der Kirchenbank denke ich noch an die Begegnung im Bürohaus. „Es ist immer das alte Lied“, hat er gesagt. In diesem Augenblick stimmt die Gemeinde die Liturgie an. Wir singen wie gewohnt „Ehre sei dem Vater und dem Sohne und dem Heiligen Geiste“. Dabei schießt mir plötzlich durch den Kopf: Das ist ja auch ein altes Lied. Beginnt nicht jeder Gottesdienst mit diesem Lied? Und jetzt überstürzen sich meine Gedanken. Das soll doch wohl heißen: Hier hat Gott das Sagen. Hier soll Jesus geehrt werden. Hier soll uns der gute Geist Gottes bestimmen. Schön wär's, denke ich, und ich werde dabei erinnert an die zweite Tafel, von der mein Freund sprach.

Mir wird deutlich, auch in der Kirche gibt es diese andere Tafel. Auch Christen haben mit den unsichtbaren Chefs zu tun wie Neid und Eifersucht, Intrige und Machtkampf oder, wie sie sonst alle heißen.

Der Gottesdienst ist längst weitergelaufen mit Lied und Gebet und Lesung. Ich bin immer noch bei dem alten Lied „Ehre sei dem Vater und dem Sohn . . .“. Und ich weiß, darin heißt es dann weiter: „Jetzt und immerdar“. Das soll also auch heute gelten.

Ich muß an die Christen in der frühen Kirche denken. Sie haben angefangen, so zu singen. Ich bin sicher, sie haben nicht nur mit vielen ungerechten und oft grausamen Chefs zu tun gehabt, mit dem Kaiser und dessen örtlichen Stadthaltern. Mit den Sklaventreibern vielleicht und mit vielen kleinen Tyrannen. Sie wußten bestimmt auch von den Mächten in ihren Herzen.

Und doch, sie haben immer wieder Gottesdienst gefeiert, um dann in ihrem schweren Alltag ein Stück Gottesdienst zu leben. Sie haben am Sonntag „Ehre sei dem Vater“ gesungen, um diesem Vater dann in der Woche die Ehre zu geben. Und das ist doch heute genauso: Das alte Lied vom Gottesdienst steht gegen das alte Lied vom Bürohaus. Ja, auch gegen das alte Lied in unseren Herzen.

Herr, erbarme dich!

In einem Betrieb unterhalten sich einige hinter vorgehaltener Hand: Hast du schon gehört? – Der hat sich etwas zuschulden kommen lassen. Und nun geht die Nachricht von Mund zu Mund. Manch einer fügt beim Erzählen noch hinzu: Das darfst du aber nicht weitersagen! Und doch weiß es bald jeder im Betrieb. Wir sagen, das ist halt menschlich.

Aber warum erzählen wir eigentlich so gerne Schlechtes über andere? Gelegentlich muß ich geradezu lachen. Da kommt es mir beinahe so vor, als vollzögen wir eine Beichte mit Rollentausch. So möchte ich es einmal nennen. Wir bekennen nicht unsere eigenen Sünden, sondern die des anderen. Andererseits aber suchen wir die eigene Entschuldigung, nicht die Entschuldigung dessen, der schuldig geworden ist. – Zugegeben, so ganz wohl fühlen wir uns dabei nicht. Wir wissen auch, dadurch wird nichts besser, im Gegenteil. Und doch praktizieren wir diese Art Beichte mit Rollentausch mit Eifer und Ausdauer.

Am besten kann ich das bei mir selber beobachten. Da habe ich etwas Unrechtes getan. Ich weiß genau, es ist nicht in Ordnung. Schnell suche ich Fehler auch beim anderen. Zunächst übrigens meist nur in Gedanken. Ich suche Menschen, die noch Schlimmeres getan haben. Ich bemühe mich, mich selber ins rechte Licht zu rücken. Ich weiß, dahinter steckt ein ungeheuer großes Bedürfnis, gut zu sein und wieder zurechtzukommen. Aber es ist ein verflixtes Spiel.

Wie oft denke ich dann, es müßte so eine Art geschützten Raum geben, wo ich endlich ungeschützt reden kann. Einen Raum, in dem ich zu meinen eigenen Fehlern stehen kann, ohne auf andere schielen zu müssen, wo ich meine Schwächen und Sünden zugeben kann. Es müßte demnach ein Ort sein, an dem mich keiner verdammt und an dem ich Frieden finde.

Merkwürdig, und dann sitze ich am Sonntagmorgen in der Kirchenbank. Wir singen wieder das alte Lied „Ehre sei dem Vater". Ich höre daraus, da ist einer, der mich ruft. Da ist einer, zu dem ich gehöre. Da ist Gott, zu dem wir gemeinsam gehören wie zu einer Familie und zu dem wir rufen können wie zu einem Vater. Und dann rufen wir auch, sogar dreimal nacheinander: Herr, erbarme dich! Christe, erbarme dich! Herr, erbarme dich!

Und plötzlich spüre ich, hier ist ja ein geschützter Raum. Hier kann jeder ungeschützt reden. Hier braucht keiner Angst zu haben, von jemandem verdammt zu werden. Hier kann jeder Gott anrufen wie einen Vater, der ihn liebt.

Hier kann jeder um Vergebung bitten. Die dreimalige Wiederholung soll bestimmt andeuten, in dieses „Herr, erbarme dich!“ darf jeder wirklich alles einschließen, was ihn belastet.

Und dann singt die Gemeinde: Allein Gott in der Höh’ sei Ehr’ und Dank für seine Gnade. Das heißt doch Gnade auch über mein Versagen, über meine Schuld, meine Sünde. Darüber kann ich froh werden. Das bringt mich zurecht. So finde ich Frieden. Und so geht das Lied auch weiter: Nun ist groß Fried ohn Unterlaß! –

Ich stelle mir vor, so haben es die Christen in der frühen Kirche gesungen. So haben sie Vergebung erfahren und so sind sie fähig geworden, als Christen in ihrer Welt zu leben. So haben sie an jedem Sonntag ihren Gottesdienst gefeiert. Und dann haben sie während der Woche Gottesdienst gelebt. Das hat ihr Leben verändert. Sie wußten, wer so leben will, der braucht immer wieder Erneuerung, der braucht Wiederholung und Einübung.

Höret Gottes Wort!

In einem Büro finde ich über dem Telefon folgenden Satz mit dickem Filzstift geschrieben: Ich liebe dich genug, um dir zuzuhören! – Ich bekomme Hochachtung vor der Dame, die dort arbeitet, und frage sie, warum sie diesen Satz über ihr Telefon gehängt hat. Sie lächelt und sagt: „Ach, wissen Sie, ich muß viel zuhören, und das ist nicht leicht. Es gehört viel Liebe dazu. Dieser Satz soll mich immer wieder daran erinnern, dem anderen zuzuhören, besonders wenn es schwierig wird.“ Doch dann fügt sie fragend hinzu: „Wer hört denn heute noch wirklich zu? Die meisten Menschen hören nur noch ab.“

„Wie meinen Sie das?“ – Prompt kommt die Antwort: „Ich mache die Erfahrung, Menschen können kaum noch zuhören. Sie warten darauf, ob der andere etwas Falsches sagt, und dann haken sie genau dort ein. Das nenne ich Abhören. Zuhören dagegen ist Herzenssache. Wer zuhören will, der muß doch versuchen, den anderen zu verstehen, auch wenn er sich ungeschickt ausdrückt.“

Das kleine Gespräch in dem Büro ermutigt mich, selber besser zuzuhören. Aber warum haben wir das Zuhören eigentlich verlernt, so frage ich. Wie läuft das denn so? Da nimmt das Zuhören ab, und die Mißverständnisse nehmen zu. Da werden die Vorwürfe lauter und die Zerwürfnisse gefährlicher. Wen wundert es dann, wenn sich schließlich Abhörspezialisten gegenüberstehen?

Doch eines scheint mir noch hinzuzukommen. Was müssen unsere Ohren heutzutage alles verkraften? Laute Schlagworte und raffinierte Werbespots, große Parolen und dumme Phrasen und viel zu viele Informationen. Wen wundert es eigentlich, wenn unsere Ohren auf Durchzug schalten und wir zu Weghörspezialisten werden?

Aber um so wichtiger wird dann die Frage: Wie können wir zur rechten Zeit weghören und zur rechten Zeit zuhören? Wie lernen wir, wieder weniger abzuhören und mehr verstehend zuzuhören? – Hörschulen müßte es geben, stelle ich mir vor. Orte, an denen unsere Ohren zur Ruhe kommen. Zeiten, in denen wir wieder Hören und Zuhören üben.

Merkwürdig, und dann sitze ich am Sonntagmorgen mit anderen gemeinsam wieder in der Kirchenbank. Wir singen und beten. Wir berufen uns auf Gott, und wir rufen ihn an „Herr, erbarme dich!"

Ich schließe jetzt mein Ohr mit ein in das Gebet. „Herr, schenke mir die Fähigkeit, neu zuzuhören!" Und dann sagt der Lektor: Höret Gottes Wort! – Schon wieder zuhören? – denke ich. Mein Ohr ist doch schon so voll. Ich wehre ab. Kann ich überhaupt noch mehr aufnehmen? – Während dann aus der Bibel vorgelesen wird, merke ich, ich verstehe nicht alles. Aber ich horche auf. Da ist von der Liebe die Rede, von der Liebe Gottes. Der Satz „Siehe, ich mache alles neu!" bleibt bei mir hängen. Ich denke an mein Ohr und an die Dame im Büro. Sie hörte am Telefon mit Liebe zu. – Langsam begreife ich, ich bin als Mensch angesprochen. Die Worte der Bibel klingen in mir nach. Höret Gottes Wort! – hat es geheißen. Ich fange an zu staunen. Können solche alten Worte wirklich meine Alltagssituation erreichen oder mich gar verändern?

Ich muß wieder an die Christen der ersten Jahrhunderte denken. Sie haben solche Worte immer wieder gelesen und sie gehört als Worte von Gott. Das gehörte für sie zu jedem Gottesdienst. Ich verstehe das jetzt so: Sie wollten durch diese Worte Orientierung und Kraft für ihren Tag.

Sie brauchten das für ihr Zusammenleben, auch für ihr Aufeinanderhören. Sie wurden auf diese Weise hellhörig für Gott und auch hellhörig füreinander. Das war für sie ein Stück gelebter Gottesdienst.

Ich glaube . . .

Auf dem Weg zur Arbeit treffe ich einen früheren Arbeitskollegen. Wir grüßen uns. „Na wie geht's?" frage ich ihn. – „Ach, wissen Sie, Unkraut vergeht nicht!" antwortet er. Er sagt es mit einem Lächeln, wie ich das bei ihm kenne und schätze. Wir wechseln noch einige Worte, dann geht jeder wieder seinen Weg. Unkraut vergeht nicht. Der Satz läßt mich nicht los. Ich denke an die Quecken und das Franzosenkraut in meinem Garten. Beide sind unverwüstlich.

Wie mein Kollege den Vergleich mit dem Unkraut meint, weiß ich nicht. Für mich bekommt er plötzlich eine besondere Bedeutung. Ich wünsche mir doch, wie das Unkraut unverwüstlich zu sein in meinem Glauben an Gott und in meinem Leben als Christ. Ich muß lachen. Laß doch die anderen an mir herumhacken und rupfen, wenn sie sagen: Das ist doch überholt! Wer glaubt denn heute noch an Gott? – Ich weiß, Gott läßt täglich neu Glauben in mir sprießen. Den Vergleich mit dem Unkraut finde ich sogar gut.

Einige Tage später treffe ich einen guten Bekannten im Großstadtgewühl. „Hallo, wie geht's?" rufe ich ihm zu. – Er antwortet: „Man schlägt sich so durch!" – Wieder weiß ich nicht, was bei ihm dahintersteckt. Wahrscheinlich hat er es schwer, sich durchzusetzen. „Mach's gut!" ruft er noch. Er hat es eilig. Wieder muß ich schmunzeln. Er hat recht. Auch sein Satz trifft genau auf mich zu. Ich mache mir deutlich, welch ein Wust von Meinungen und Haltungen mir in meinem Alltag täglich begegnet. Manchmal ist das wie ein Dschungel, der immer dichter wird. So sagt einer: Das ist mir doch egal! Er ist gleichgültig geworden. Ein anderer: Es ändert sich ja doch nichts. Er hat resigniert. Ein dritter: Ich bin ja nur ein Rädchen im Getriebe! Er ist nicht mehr frei, sich zu entscheiden, usw. usw. –

Ich spüre, solche Aussagen und Haltungen können geradezu lähmen. Und jetzt sagt der Bekannte „Man schlägt sich so durch!" – Genau das muß ich lernen. Ich will üben, Entscheidungen zu fällen und dazu zu stehen, auch gegen die Meinung anderer. Ich wünschte mir geradezu eine Zeit und einen Ort, wo ich es lernen kann, mich zu entscheiden und dann die Entscheidung durchzuhalten.

Und dann sitze ich am Sonntagmorgen wieder im Gottesdienst meiner Gemeinde. Ich komme zur Ruhe. Die Gemeinde singt „Ehre sei dem Vater". Dadurch werde ich an meine Taufe erinnert. Damals wurde zum ersten Mal „Im Namen des Vaters" über mir ausgerufen und „Du bist mein!" Darauf kann ich mich berufen. Und dann folgt „Herr, erbarme dich!". Dabei schließe ich jetzt den ganzen Wust meines Alltags und all das, was an mir zerrt und rupft, in das Gebet ein. Ich spüre, ich werde freier. Dann hören wir das Wort der Bibel zur Orientierung, und wir bekennen unseren Glauben. Wir stehen sogar dazu auf.

Das ist ja auch ein entscheidender Punkt. Manch einer meint allerdings, es seien nur die ehrwürdigen Worte der Väter. Für mich ist es mehr. Im Bekenntnis finde ich meinen Standort als Christ. Ich weiß, Gott ist mein Vater, und Jesus ist mein Herr. Ich glaube, der Geist ist der, der mich leitet. So kann ich sagen „Hier stehe ich!" –

Ich muß es immer wieder sagen, um standhaft zu werden. Ich brauche das Bekenntnis, um mich daraufhin entscheiden zu können. Der Glaube ist sogar noch mehr. Er wird zum Startort. Ich kann sagen: Ich glaube, darum gehe ich. Ich glaube, darum handle ich. Ja, ich glaube, darum schlage ich mich durch. Ich denke, so haben die Christen in der frühen Kirche es erfahren. Sie haben ihren Glauben bekannt. Und dann konnten sie danach leben. Gottesdienst und Alltag gehörten für sie eng zusammen.

Unser Dankopfer

Für gute Werbespots kann ich mich begeistern. Ich habe Hochachtung vor den Werbetextern. Sie werben um uns als Kunden. Sie wollen, daß wir kaufen, daß wir uns etwas leisten. Und das geht immer nach der Devise: Hast du was, dann bist du was! Hast du mehr, dann bist du mehr! Leiste dir was, dann bist du angesehen! Aber dann fragt plötzlich einer: Wenn der Wert meines Lebens bemessen wird nach dem, was ich habe, was bin ich dann noch wert, wenn ich nicht mehr habe, was ich habe?

Ich merke, hier endet die Weisheit der Werbung, die uns Waren anpreist. Ich verstehe auch den Protest, besonders der jungen Leute, gegen das Profit- und Prestigedenken in unserer Gesellschaft und in unseren Herzen. Sie protestieren auf ihre Weise gegen den Satz, Haben sei Leben. Irgendwie sind sie auf der Suche nach mehr.

An dieser Stelle horche ich auf. Ich entdecke, Jesus dreht im Grunde den Satz herum. Er sagt nicht: Hast du was, dann bist du was! – Er sagt: Du bist was, und dann hast du was! Er wirbt auch nicht um uns als Kunden. Er wirbt um uns als Menschen. Er sagt uns zu: Ihr seid Kinder Gottes, und dann spricht er von der intensiven Beziehung des Menschen zu Gott. Merkwürdig übrigens, denke ich, wenn es darum geht, daß ein Mensch für möglichst wenig Geld viel Ware bekommen will, dann sagt er: „Beziehungen muß man haben!" –

Und wenn es darum geht, daß ein Mensch sein Leben vor Gott neu begreift, dann spricht die Bibel davon: „Beziehungen muß man haben!". Und solche Beziehung nennt Jesus Glauben. Ja, er sagt: Du bist was, und darum hast du was. Durch solche Beziehung zu Gott begreifst du dein Leben neu. Und dann begreifst du auch das, was du hast, neu. Im Grunde ist es ganz einfach. Und doch müssen wir dies offenbar erst richtig entdecken und einüben. Und das braucht Zeit.

Und dann sitze ich am Sonntagmorgen wieder mit anderen gemeinsam in der Kirchenbank. Wir feiern Gottesdienst im Namen des Vaters und des Sohnes und des Heiligen Geistes. Wir feiern, daß wir Kinder Gottes sind. Als solche beten wir auch und hören Worte der Bibel. Als solche bekennen wir unseren Glauben. Wir suchen unseren Standort im Durcheinander unserer kleinen Welt. Und wir wagen den Start in die neue Woche.

Und dann heißt es im Gottesdienst: Wir sammeln unser Dankopfer ein. – Wenn mich nicht alles täuscht, wird dabei der Unterschied besonders deutlich zwischen dem Satz „Hast du was, dann bist du was!" und dem anderen „Du bist was, darum hast du was!“ Meist ist es doch etwa so: Die Kollekte wird angesagt. Ich höre, die Kirche will wieder etwas von mir. Und dann denke ich leicht, gib nicht zu viel, sonst hast du selber um so weniger. Das Dankopfer bleibt dabei beschränkt auf das gegebene Geld. –

Nach der Ordnung Jesu wird das anders. Da begreife ich zunächst, ich bin ein Kind Gottes. Und dann entdecke ich mein ganzes Leben als eine Gabe Gottes. Nach und nach natürlich. Aber dann freue ich mich über meine Begabungen, ich lerne auch, sie anzusehen als eine Gabe Gottes. Und das macht mich reich. Diese Gaben möchte ich nun einsetzen für die Sache Gottes. Ich zweige also nicht nur ein paar Mark ab für eine gute Sache, sondern ich entdecke die Möglichkeit, in der kommenden Woche selber eine Gabe Gottes zu sein für andere Menschen. So sagt Jesus: „Du bist was, darum hast du was.“ Das Dankopfer kann so ein Stück meines Alltags werden, ein Stück gelebter Gottesdienst.

Kommt, denn es ist alles bereit!

Einer meiner Freunde hat zu einem festlichen Abend eingeladen. Viele sind gekommen. Mit einem Glas in der Hand begrüßt uns der Gastgeber und ruft ein „Prosit“ aus. Wir antworten „Zum Wohl!“ – Und dann lädt die Hausfrau ein: „Es ist alles für Sie bereit!“ – Während wir am festlichen Büffet warten, winkt mir ein Bekannter zu und sagt mit verschmitztem Lächeln: „Ja, man muß die Feste feiern, wie sie fallen!“ Dann jedoch fügt er hinzu: „Wenn nur der blaue Montag nicht wäre!“ –

„Wie meinen Sie das?“ will ich wissen. Daraufhin berichtet er von seinem Kummer mit seinem Wagen. Er habe wohl ein Montagsauto erwischt, wahrscheinlich nach irgend so einem Fest fabriziert. Ich kann ihn gut verstehen. Am Tisch sitzen wir zusammen und unterhalten uns darüber, wie oft der Alkohol sogar Menschenleben zerstört und Ehen und Familien kaputtmacht. Wir machen uns deutlich, wie oft so ein „zum Wohl“ eher zum Unheil führt.

Und doch, der Satz ist richtig. Der Mensch braucht die Feste wie Oasen in der Wüste. Ich werde an die Juden im alten Israel erinnert. Sie haben mit Freude und Ausgelassenheit gefeiert und dabei immer wieder erzählt und besungen, wie Gott ihnen in der Geschichte geholfen hat. Durch die Feste wurden sie fest in ihrem Glauben und fähig für den nächsten Schritt.

Und dann sitze ich am Sonntagmorgen mit anderen gemeinsam in der Kirchenbank. Wir feiern Gottesdienst. Mir schießt der Gedanke durch den Kopf: Solch ein Gottesdienst ist auch ein Fest, das fähig machen kann für die Woche. Im Grunde wünsche ich mir, wir würden den Gottesdienst noch fröhlicher und noch ungezwungener feiern. Dann wird mir deutlich, wir hören auch von den großen Taten Gottes, die er in Jesus getan hat. Und wir antworten darauf mit unserem Glaubensbekenntnis. Ich denke wieder daran, wir finden dadurch eine Orientierung für die Woche, die vor uns liegt. –

Und heute sind wir zum Abendmahl eingeladen. Der Pastor sagt: Kommt, denn es ist alles bereit. Merkwürdig, mir fällt dabei der Satz ein, den die Gastgeberin am festlichen Abend gesagt hatte. Er war so ähnlich. Aber jetzt sind wir bei Gott zu Gast. Begreifen kann ich das nicht. Während ich Brot und Wein empfange, höre ich die Worte „für dich gegeben zur Vergebung der Sünden“ und dann „das stärke dich“. Ich merke, das habe ich nötig. Ich möchte heil werden. Ich möchte fest werden.

Während ich auf meinen Platz in der Kirchenbank zurückgehe, werde ich an das „Zum Wohl!“ vom festlichen Abend erinnert. „Es möge dir wohl ergehen!“ heißt das noch. Mir wird jetzt deutlich, dieser gute Wunsch bekommt bei diesem Fest noch einen anderen und tieferen Sinn. Zum Wohl und zum Heil! Das ist Grund zur Freude. Und dann heißt es vom Altar: Grüßt einander mit dem Friedensgruß „Der Friede des Herrn sei mit dir!“ Wir wenden uns einander zu und wünschen uns den Frieden.

Ich spüre, wir gehören im Namen Gottes zusammen. Dieses Fest begründet Gemeinschaft. Auch Fremde wünschen mir Frieden. Und dann wird der Segen gesprochen: Der Herr segne dich und behüte dich! Ich denke dabei an den Montag, der vor mir liegt. Der Herr lasse sein Antlitz leuchten über dir. Ich wünsche mir dieses Leuchten auch in meinen Dunkelheiten. Dieses Fest macht mich fähig und fest für heute und morgen und für jeden neuen Tag.

Vier Kinderspiele und Weihnachten

Ich sehe was, was du nicht siehst

So haben wir es als Kinder gespielt. Es hat viel Spaß gemacht. Einer durfte einen Gegenstand aussuchen und die Farbe angeben. Die anderen mußten den Gegenstand ausfindig machen. Die Freude war groß, wenn sie ihn gefunden hatten.

Kinderspiele spiegeln oft ein Stück Leben.

Am Heiligen Abend werde ich an dieses Kinderspiel erinnert. Sicher, unser Leben ist kein Kinderspiel. Aber ich weiß, wir sind auf der Suche wie die Kinder. Wir finden uns allerdings schwerer zurecht als die Kinder.

In einer Ansprache am Heiligen Abend knüpfte ich an das Kinderspiel an und sagte: „Ich sehe was, was du nicht siehst, das sieht nach Himmel aus." Ich wollte damit auf das Geheimnis der Weihnacht aufmerksam machen. Mir war deutlich, hier ist es anders als im Spiel. Wir sind alle auf der Suche, jeder – irgendwie! Begreifen können wir es alle nicht, das mit dem Kind in der Krippe. Begreifen können wir es nicht, daß in dem Kind der Himmel auf Erden sichtbar wird. – Es sieht nach Himmel aus!

Ich weiß noch wie heute, da saß ein Mann in der Kirche. Er fiel mir auf unter den vielen Menschen. Ich kannte ihn. Sonst kam er selten. Heute abend hatte er sich aufgemacht. Ich wußte, sie hatten Kummer zu Hause. Sie kamen nicht mehr zurecht in der Ehe. Manchmal schien es wie ein Stück Hölle auf Erden. Und jetzt sprach ich davon: „Es sieht nach Himmel aus." Wie sollte dieser Mann diesen Satz aufnehmen? Sollte ich lieber vom Himmel schweigen? Nein, das konnte ich doch nicht. Brauchte er nicht gerade den Himmel in seiner Situation, und seine Frau genauso? Wie aber konnte ich ihm in seinem Suchen helfen?

Mir wurde deutlich, es ist ja ein doppeltes Suchen. Es geht zunächst um das Kind in der Krippe. Es geht darum, daß Menschen begreifen: In dem Kind kommt Gott in unsere kleine Welt. Aber dann geht es darum zu begreifen, daß unser oft dunkler Alltag die Krippe Gottes sein kann. Im Grunde unbegreiflich. Aber beides gehört doch zusammen. Das macht Weihnachten aus. Ist das überhaupt zu fassen?

Mir kommt in den Sinn, wie anders wir uns den Himmel vorstellen. Irgendwie oben, weit getrennt von uns, nicht erreichbar. Aber dann suchen wir ja verkehrt. Weihnachten sagt doch: Der Himmel ist unten, unter uns, ganz nahe.

Übrigens, im Kinderspiel war es so: Das eine Kind half den anderen mit kleinen Hinweisen, wenn sie den Gegenstand nicht finden konnten. Mir scheint, das können wir übernehmen. Vielleicht helfen uns schon kleine Hinweise auf das Kind in der Krippe, aber vor allem darauf, daß dieses Kind mitten in unserer Nacht gekommen ist.

Am Heiligabend kommen viele Menschen zur Kirche. Es kann sein, daß viele von ihnen auf der Suche sind. Bestimmt sogar. Vielleicht sind wir's auch selber. Es könnte die größte Weihnachtsfreude sein, wenn wir eine Ahnung bekommen von dem, was nach Himmel aussieht. Jesus, der Himmel auf Erden. „Was könnte es für diesen Mann in der Kirche und für seine Frau bedeuten?“

Martin Luther singt es auf seine Weise zu Weihnachten:

> Das ewige Licht geht da herein,
> gibt der Welt einen neuen Schein,
> es leucht' wohl mitten in der Nacht
> und uns des Lichtes Kinder macht.

Kaiser, König, Edelmann . . .

So haben wir es als Kinder gespielt. Das hat Spaß gemacht. Jeder stand in einem Kreis. Und jeder Kreis hatte seine Bedeutung, vom Kaiser angefangen bis hin zum Bettelmann. Natürlich war im Spiel jeder darum bemüht, in einen Kreis mit höherer Geltung zu kommen und schließlich den Kreis des Kaisers zu erreichen. Kinderspiele spiegeln oft ein Stück Leben.

Inzwischen weiß ich, dieses Spiel spielen nicht nur Kinder. Sicher, Kinder spielen es mit Eifer, ihnen macht es viel Spaß. Aber mir scheint, wir Erwachsenen spielen dasselbe Spiel oft mit blutigem Ernst. Den Ablauf kennen wir zur Genüge, im Betrieb ähnlich wie im Büro, in unseren Familien und oft auch in der Nachbarschaft. Es ist das Spiel um Geltung und Macht, um Prestige und um Anerkennung. Oft spielen wir es verdeckt, gelegentlich wohl auch nur in Gedanken. Nicht selten spielen wir es aber auch sehr offen und manchmal fast rücksichtslos.

Kaiser, König, Edelmann; Bürger, Bauer, Bettelmann . . .

Als Mitbeteiligter in diesem Spiel höre ich heute morgen noch einmal auf die alte Weihnachtsgeschichte. Ich mache mir klar, die Menschen zur Zeit der Geburt Jesu waren nicht viel anders als wir heute. Ich horche auf. In eine solche Welt, damals wie heute, also der Bericht von diesem Kind in der Krippe. Wir hören von dem Gott, der als Kind in die Welt kommt, von dem Herrn, der freiwillig ein Knecht wird. Ich spüre, dieses Kind bringt die Regeln dieses alten Spiels ganz schön durcheinander. Später stellt Jesus sich gerade zu den Geringen, er nimmt die Ausgestoßenen an. Die Mächtigen von damals haben das offenbar sehr deutlich gemerkt. Sie wollten sich nicht stören lassen. Sie haben versucht, das Kind aus der Welt zu schaffen.

Ich frage mich, wie wir auf den reagieren, der unser Spiel stört. Wir sind ja auch ganz schön eingespielt. Die Regeln des alten Spiels stecken in uns. – Wir wollen diesen Jesus natürlich nicht aus der Welt schaffen. Das könnten wir ja auch nicht. Aber ich habe den Verdacht, wir haben eine andere Lösung gefunden. Wir schaffen uns so besondere Räume, Kirchen und Gotteshäuser und besondere Zeiten, Sonntage und Feiertage, da lassen wir die Regeln Gottes, die Spielregeln von diesem Kind gelten. Aber außerhalb dieses Raumes und außerhalb dieser Zeit geht unser Spiel weiter nach der alten Regel.

Mir geht es aber so, ich möchte mich gerne stören lassen. Das alte Spiel macht mich kaputt. Ich weiß doch, beim Spiel der Macht gewinnt letztlich weder der Mächtige noch der Ohnmächtige. – Bei dem anderen Spiel aber können sogar beide gewinnen und in Frieden leben.

Das eine jedoch ist mir deutlich, das Spiel, das diesem Kind in der Krippe entspricht, müssen wir immer wieder üben. Wir müssen es einüben.

Nikolaus Hermann, ein Dichter der Reformationszeit, besingt diesen Wechsel auf seine Weise:

> Er wird ein Knecht und ich ein Herr,
> das mag ein Wechsel sein!
> Wie könnt es doch sein freundlicher,
> das herze Jesulein.

Schwarzer Peter

Das ist eines der beliebtesten Kinderspiele. Mit Begeisterung haben wir es als Kinder gespielt. Die Karten wurden gemischt, verteilt, und dann mußte jeweils der Nachbar eine Karte ziehen und seinen Nachbarn wiederum eine Karte ziehen lassen. Jeder war bemüht, die zusammengehörigen Karten zu sammeln und abzulegen. Doch eine Karte war der Schwarze Peter. Diese Karte wollte keiner haben. Jeder versuchte, sie so schnell wie möglich wieder loszuwerden. Wer sie zuletzt in der Hand hielt, der hatte verloren.

Kinderspiele spiegeln oft ein Stück Leben: Inzwischen weiß ich, Schwarzer Peter spielen nicht nur Kinder. Erwachsene spielen das Spiel mit weit größerem Eifer und oftmals mit noch raffinierteren Methoden. Sie spielen es allerdings ohne Karten. Wir geben den Schwarzen Peter weiter. Wir schieben die Schuld lässig dem anderen zu. Wir behaupten, er sei im Unrecht, der Fehler liege bei ihm.

Übrigens, bereits auf den ersten Seiten der Bibel wird von diesem Spiel berichtet. Adam und Eva spielen es auf ihre Weise. Auf die Frage Gottes an Adam, warum er von der Frucht gegessen habe, antwortet dieser, Eva habe ihm davon gegeben. In seinen Worten schwingt sogar ein kleiner Vorwurf Gott gegenüber mit. Er sagt: „Die Frau, die du mir gegeben hast!“ – Und Eva antwortet auf dieselbe Frage, die Schlange habe sie verführt. Wir sagen heute: Die Umstände oder die Verhältnisse seien Schuld, wir beschuldigen die Eltern, die Schule oder auch die Gesellschaft, je nachdem.

Wie tief sind die Spielregeln des Schwarze-Peter-Spiels in unserem Wesen verwurzelt! Mit Appellen wird eine Änderung demnach kaum zu erreichen sein. Jetzt, zu Weihnachten, höre ich noch einmal auf den Bericht von der Geburt Jesu. Eine der ersten Aussagen über seine Geburt nach der Überlieferung des Matthäusevangeliums lautet: „Er wird das Volk erlösen von ihren Sünden." Damit wird noch mehr gemeint sein, als die Erlösung von gegenseitiger Schuldzuweisung. Das ist klar. Aber heute will ich es mir selber einmal so konkret verdeutlichen: Er, dieser Erlöser, wird mich befreien von dem überkommenen Verhaltensmuster des Schwarze-Peter-Spiels. Die Spielregel des alten Spiels muß nicht immer gelten. Es geht dann anders. Der Erlöser, dieser Jesus, befreit mich dazu, meine eigene Schuld zu sehen, sie einzugestehen. Er befreit mich – so sagt es die Bibel – sogar von meiner Schuld. Im Bilde des Kinderspiels hieße das: Er nimmt den Schwarzen Peter auf sich! – Das wäre ungeheur viel. Ich kann es kaum begreifen.

Die Folgerungen, die sich von daher ergeben, kann sich jeder vor Augen führen. Sie fingen schon damit an, daß wir besser aufeinander hören und offener miteinander reden könnten. Ich vermute, wir könnten den anderen besser verstehen, wir brauchten ihn nicht mehr zu beschuldigen. Wir könnten ihn leichter entschuldigen und ihn weniger verdammen.

Martin Luther singt auf seine Weise von solcher Befreiung durch das Kind zur Weihnacht:

> Es ist der Herr Christ, unser Gott,
> der will euch führen aus aller Not,
> der will euer Heiland selber sein,
> von allen Sünden machen rein.

Eins, zwei, drei, und ich bin frei!

Heute möchte ich noch einmal über ein altes Kinderspiel nachdenken. Als Kinder hat es uns viel Spaß gemacht. Wir haben es mit so viel Ausdauer gespielt, daß wir darüber so manches Mal die Pflichten des Tages vergaßen. Es ist das „Versteckspiel". Die Regel war: Einer sucht, alle anderen verstecken sich. Nach einer vereinbarten Zeit versuchen die Versteckten sich am Freischlag freizuschlagen, der Sucher jedoch ist bemüht, möglichst viele vorher zu berühren und sie so zu seinen Gefangenen zu machen.

Kinderspiele spiegeln oft ein Stück Leben.

Inzwischen weiß ich, auch dieses Spiel spielen wir als Erwachsene auf unsere Weise. Die Kinder verstecken sich hinter Bäumen und Büschen, hinter Häuserecken und hinter parkenden Autos. Wir haben andere Verstecke. Wir haben unsere Ausreden und Ausflüchte. Wahrscheinlich hat jeder so sein Spezialversteck, aus dem er kaum hervorzulocken ist. Oftmals, so scheint mir, wissen wir gar nicht mehr, daß wir uns verstecken. Der eine sagt etwa: „Ich bin nun eben so!“ Das ist sein Versteck. Es soll ihn davor bewahren, sich ändern zu müssen. Der andere sagt: „Die anderen sind auch nicht besser!“ Dieses Versteck ist immer naheliegend, denn Menschen, die auch nicht besser sind, gibt es bis ans Ende der Welt. Andere Verstecke können sein: „Laß mich in Ruh!“ – oder: „Darüber will ich nicht reden!“ Oder auch: „Ich habe keine Zeit!“ Wie oft verbirgt sich dahinter ein ganz anderer Grund! – Manch einer gewöhnt sich auch an zu sagen: „Ich bin nicht religiös veranlagt!“ Vielleicht gibt es so viele Verstecke, wie es Menschen gibt.

Übrigens, auch Adam und Eva versteckten sich bereits. Sie versteckten sich hinter den Bäumen des Gartens. Sie hatten Angst vor Gott. Ich frage mich gelegentlich, ob von dieser Geschichte die Vorstellung der Menschen herrührt, sie müßten sich vor Gott verstecken, Gott sei der, der sie greifen will. Solch eine Gottesvorstellung ist ungeheuer verbreitet. Ich vermute sogar, von daher bleibt manch einem der Zugang zur Weihnachtsgeschichte verbaut. In der Weihnachtsgeschichte wird doch ein für alle mal deutlich: Gott ist nicht der, der uns schnappen will, sondern er ist der, der uns sucht, um uns zu heilen. Diesen Unterschied begreifen wir zu langsam. Darum vergessen wir übrigens oft den zweiten Teil des Kinderspiels. Wir bleiben in unseren Verstecken. Wir wissen nichts mehr vom Freischlag. Die Bibel aber spricht sehr deutlich von der Krippe und dem Kreuz Jesu als dem Ort, wo Menschen frei werden, wo sie sich gleichsam freischlagen können. Im Spiel war das der spannendste Augenblick, wenn wir heraussprangen aus dem Versteck, um den Freischlag zu erreichen. Mir scheint, im Glauben ist es nicht anders.

Im Spiel hatten wir dann noch eine Sonderregelung: Wer sich freigeschlagen hatte, der war dann unterwegs zwischen dem Freischlag und den Verstecken, er wollte den anderen in ihren Verstecken zur rechten Zeit einen Wink geben, um ihnen den Weg zum Freischlag zu ermöglichen.

Es könnte sein, daß solch eine Aufgabe die schönste und wichtigste Aufgabe der Christen ist. Zwischen Freischlag und Versteck. Viele Menschen wissen heute nicht mehr, wie sie es wagen können, an Jesus zu glauben.

Ich mag mich

Ich bin eins plus!

Begeistert kommt Anke aus der Schule nach Hause. – „Mutti, ich bin eins plus!" – Das Kind ist vor Freude kaum zu halten. „Mutti, ich bin eins plus!" – Schließlich fragt die Mutter: „Was meinst du damit?" –

„Mutti, der Lehrer hat uns aus der Bibel erzählt. Er hat gesagt, Gott hat die Welt geschaffen und die Menschen. Und er hat gesagt, er hat auch mich geschaffen. Und dann hat er gesagt, er hat mich sehr gut geschaffen. Mutti, dann bin ich doch eins plus!"

Die Mutter schließt ihr Kind in die Arme: „Ja, du bist eins plus!" – Dabei kommen ihr die Tränen. Bei aller Freude über ihre Tochter spürt sie, wie Neid in ihr hochkommt. Sie denkt an ihre eigene Kindheit zurück. Wie streng wurde sie erzogen! Wie oft hatte sie sich mies gefühlt.

Plötzlich wird ihr deutlich, auch jetzt fühlt sie sich meistens eher „drei minus" als „eins plus". Der Satz ihrer Tochter läßt sie nicht mehr los. Sie nimmt sich vor, Anke immer wieder zu sagen: „Mein liebes Kind, du bist eins plus!" –

Am Wochenende trifft sie sich mit Freunden. Sie berichtet von ihren Erfahrungen und besonders von dem Satz ihrer Tochter. Alle versuchen, ihr zu helfen und auch ihren schmerzlichen Gefühlen auf die Spur zu kommen. Sie sprechen über Jesus, wie er die Menschen und besonders die Kinder geliebt und sie Kinder Gottes genannt hat.

Einer schlägt vor: Sag doch einmal „Ich bin ein Kind Gottes!" – Sie merkt, einen solchen Satz hat sie noch nie gesagt. Sie wagt kaum zu glauben, daß sie ein Kind Gottes ist. Dann kommt der Satz langsam über ihre Lippen: „Ich bin ein Kind Gottes!" – Dabei denkt sie an die Freude ihrer Anke und ihr „Ich bin eins plus!"

Du bist auf Draht!

Wir sprachen über Gott und die Welt. Es war eine aufgeregte Diskussion. Dirk saß lange schweigend dabei. Ich merkte, er hörte aufmerksam zu. Plötzlich sagte er einen kurzen Satz, der von den anderen überhört wurde: Ich habe keinen Draht für Gott! –

In seinen Worten lag kein Spott. Das spürte ich deutlich, auch wenn er sich dieser besonderen Bildersprache bediente. Ich hörte daraus eher ein Stück Traurigkeit, als wollte er sagen: Ich kann mit euren klugen Reden über Gott furchtbar wenig anfangen.

Der weiteren Diskussion konnte ich kaum folgen. Der Satz von Dirk beschäftigte mich. Da sucht ein junger Mensch, und er findet nicht. Da möchte einer glauben, aber es gelingt ihm nicht. Hinterher setzte ich mich noch lange mit Dirk zusammen. Er hatte sich wirklich viele Gedanken gemacht. Am meisten machten ihm die merkwürdigen Vorstellungen von Gott zu schaffen, die man ihm vermittelt hatte. Er horchte auf, als ich ihm sagte, für solch einen Gott hätte ich auch „keinen Draht“. Wir bedienten uns weiter der technischen Sprache.

Jetzt fragte er noch eindringlicher: Wie kann ich denn einen Draht zu Gott bekommen? Ich habe ihm daraufhin viel von Jesus erzählt, der die Verbindung zu Gott hergestellt hat, der uns Gott allerdings ganz anders vorstellt. Dirk hatte es schwer umzuschalten, aber er atmete auf. Ist Gott mir wirklich so nahe wie das Telefon?

Er freute sich, als ich ihm mit seinen Worten sagte: Dirk, Gott hat einen Draht zu dir! Du bist „auf Draht“. Ich merkte, er verstand, was ich meinte. Wir fragten: Und wenn ich Gott „wähle“, ist das nicht auch schon ein Stück Glauben?

„Ruf doch mal an!“

Ich fühle mich wie neugeboren!

Wer kennt das nicht? – Man kommt nach Hause. Der Tag war lang. Es gab Streß und Ärger, mehr als genug. Viele Menschen und schlechte Luft. Und schließlich noch Stau im Verkehr. Man ist richtig kaputt. – Aber dann ein erfrischendes Bad. Wunderbar! Wohlig warmes Wasser, schöne Musik und viel Zeit. Das Badezimmer sieht wüst aus, aber der, der herauskommt, sagt: Ich fühle mich wie neugeboren!

Die Regenerationsfähigkeit des Menschen ist groß. Ohne diese Fähigkeit wären wir verloren. Aber es gibt Situationen, da reicht die Badewanne nicht. Ich denke an Menschen, denen Unrecht geschieht. Oft verstummen sie schließlich. Und ich denke an Menschen, die resignieren. Resignation kann lähmen. Und ich denke an Menschen, die verbittern. Bitterkeit kann auffressen. Aber ich muß auch an mich denken, wo immer ich Anlaß dazu bin, daß neben mir ein Mensch resigniert oder bitter wird.

Ich erinnere mich, ein Bibelwort von der Hoffnung greift dieses Thema auf (1. Petrus 1,3). Seinerzeit galt dieses Wort Menschen, denen Unrecht geschah, die Grund hatten zu verbittern und zu resignieren. Aber es heißt, sie fühlten sich „wie neugeboren". Nein, für sie war es mehr als ein Gefühl. Sie hatten eine „lebendige Hoffnung". Und diese Hoffnung hatte mit der Auferstehung Jesu Christi zu tun. Und das hatte wiederum vielfältige Auswirkungen auf ihr Leben. Erstaunlich! Mir scheint, wo immer so etwas geschieht, kann man von einem Wunder sprechen, auch heute!

Sie verdammen mich ja gar nicht!

Wieder sitzt der junge Mann mir gegenüber. Wir haben schon einige Gespräche miteinander geführt. Mit seiner Ehe klappt es nicht. Er spricht sehr offen darüber. „Was soll ich bloß machen? Die Beziehung zu meiner Frau ist kaputt. Ich habe eine andere!" – Er weiß nicht, wie es weiter gehen soll. Nur dies: So kann es nicht bleiben!

Ich spüre, er quält sich, und gleichzeitig rechtfertigt er sich. Ich höre ihm zu und versuche seine Gefühle aufzunehmen. Ob ich ihm helfen kann, sich selbst auf die Spur zu kommen und einen neuen Weg für sich zu finden?

Plötzlich bricht es aus ihm heraus. Sie verdammen mich ja gar nicht! – Ich begreife erst gar nicht, was er meint. Nach und nach kommt es heraus. Er meint, wenn er zu einem Pastor geht und dazu noch als Ehebrecher, dann muß dieser ihn doch verurteilen.

Es wird deutlich, wie wichtig diese Erfahrung für ihn ist. Jetzt kann er offen reden. Jetzt kann er freier denken und nach einem Ausweg suchen. Jetzt kann er auch zu seinem Fehlverhalten stehen. Er braucht Zeit. Das Denkmuster des „Verdammt noch mal!“ sitzt noch tief in ihm.

Ich begreife noch einmal neu, wie entscheidend die Haltung ist, den anderen anzunehmen, wie er ist. Kann er dann erst anders werden, als er ist? Ich werde an Jesus erinnert, der zu einem Menschen sagt: Ich verdamme dich nicht!

Ich mag mich!

Ein überraschender Besuch im Büro. Der Herr will nur etwas abholen. Ich bitte ihn herein. Wir kommen ins Gespräch. Sehr deutlich spüre ich, ein bewegtes Leben mit Höhen und Tiefen liegt hinter ihm. Der Alkohol hatte ihm zu schaffen gemacht. Ich war ganz unten, sagt er. Doch dann habe ich einen Ausweg gefunden. Menschen haben mir geholfen. Und Gott hat auch seine Hand mit im Spiel gehabt, fügt er hinzu. – Inzwischen sind viele Jahre vergangen. Er ist längst ein Mensch geworden, der anderen hilft, der sogar Freude daran hat, solchen zu helfen, die ähnlich kaputt sind, wie er es war.

Wissen Sie, so sagt er mit Bedacht, ich konnte mich gar nicht mehr leiden. Aber jetzt ist es anders, ich mag mich! Er sagt es mit einem verschmitzten Lächeln. Seine Augen leuchten. Mir wird deutlich, wie wichtig es für diesen Mann ist, sich selbst zu mögen, sich akzeptieren zu können. Nur so kann ich auch anderen helfen, berichtet er mir.

Der Besuch hat mich froh gemacht. Ich weiß, vielen Menschen fällt es so schwer, diesen kleinen Satz zu sagen: „Ich mag mich!“ Übrigens scheinen da auch Egoisten nicht ausgenommen zu sein. Manchmal kommt es mir sogar so vor, als ob Menschen, die viel an sich selber denken, sich letztlich oft gerade wenig ausstehen können.

Mir fällt das Wort ein, das Jesus von Nazareth gesagt hat: Du sollst Gott lieben und deinen Nächsten wie dich selbst. Demnach sagt er auch: Du sollst dich selbst lieben! Aber Egoismus und Sich-selbst-lieben ist wohl zweierlei. Ich bin überzeugt, mein Besucher ist auf der richtigen Spur. Ich mag mich! – Und das inspiriert mich, auch andere zu lieben, und wenn sie noch so kaputt sind.

Ob Sie ähnliche Erfahrungen machen?

Klein, aber oho!

„Wissen Sie, ich mache immer einen kleinen Schritt und dann den nächsten. So komme ich voran. Große Sprünge schaffe ich nicht. Aber auf meine kleinen Schritte bin ich stolz!" – Dabei geht ein Lächeln über das Gesicht der jungen Frau. Sie erzählt mir: „Gelegentlich komme ich aus der Kirche und habe das Gefühl, ich müßte erst einen großen Glauben haben, also große Sprünge machen, bis ich eine richtige Christin bin. Und wenn ich dann solchen Glauben bei mir nicht finde, dann bleibt eben immer alles beim alten." –

Oh, diese junge Frau kann ich gut verstehen. Als Christ habe ich mich oft auch mickrig gefühlt, meist mehr als Sünder, der schlechte Noten verdient, und weniger als ein fröhliches Kind Gottes, das mit Pfiff und Phantasie durch die Welt marschiert.

So höre ich gespannt der jungen Frau weiter zu. Sie sagt: „Ich bin mehr und mehr froh, wenn ich in der Bibel von Menschen lese, die Jesus besonders lobt. Mir wird deutlich, es sind oft Menschen, die keine großen Voraussetzungen mitbringen. Sie wissen wenig von Jesus und von Gott. Und ihr Leben sieht auch nicht so toll aus, aber sie setzen ihr Vertrauen auf Jesus. Das ist alles. Dabei wird mir klar, es kommt also im Grunde gar nicht auf großartige Dinge an, sondern vielmehr auf die ganz kleinen Schritte. Seit ich das weiß, bin ich viel fröhlicher Christ. Ja, ich bin sogar stolz auf meine kleinen Schritte. ‚Klein, aber oho!' sage ich dann. Zehn kleine Schritte, die ich gehe, bringen mich weiter als ein großer Sprung, der doch unterbleibt."

Von dieser jungen Frau möchte ich lernen. Sie erinnert mich an einen Satz, den ich kürzlich hörte: Dein Glaube ist vielleicht größer, als du meinst. Und wenn er nur so groß ist wie ein Senfkorn, so sagt Jesus, dann kannst du damit bereits Berge versetzen! – Na, und ich denke jetzt dabei auch an meine kleinen Schritte. Das möchte ich mir nicht mehr nehmen lassen.

Wie du mir . . .

Natürlich wissen Sie, wie es weiter geht. Es ist das alte Lied. Wir kennen es von Kindesbeinen an. Es steckt uns gleichsam in den Knochen: Wie du mir, so ich dir! – Schon in der Bibel ist davon die Rede. Dort heißt es „Auge um Auge, Zahn um Zahn".

Natürlich muß es nicht gleich ein Auge sein. Meist fängt es mit Worten an. Aber auch Worte können verletzen. Und dann kommt ein Wort zum anderen, Spitze gegen Spitze, Schlag auf Schlag, und was sonst noch alles! –

So verletzen wir uns gegenseitig. Oft schaffen wir es nicht anders. Gleichzeitig leiden wir unter diesem alten Lied. Es ist uns leid. Aber es ist doch auch richtig: Wir müssen uns wehren, wenn uns jemand schlägt. Wir können uns doch nicht alles gefallen lassen. Aber die Frage bleibt: Muß es bei dem Gesetz der gegenseitigen Vergeltung, der wechselseitigen Aufrüstung bleiben? Und das eben nicht nur in der großen Politik, sondern auch in unserem menschlichen Miteinander, oft sogar dort, wo zwei Menschen eng miteinander arbeiten oder sich lieben.

Da fällt mir ein, in die Welt mit dieser Melodie kommt Jesus von Nazareth. Damals zieht er in Jerusalem ein, heute will er in unsere Dörfer und Städte einziehen. Er stimmt ein neues Lied an. Er bricht aus dem Teufelskreis des „Wie du mir – so ich dir" aus. Er betet für die, die ihn peinigen. Er liebt seine Feinde. Er segnet die, die ihn verfolgen. Es ist eine leidenschaftliche Melodie der Liebe Gottes, die ihm Leiden schafft, die aber uns von der alten Melodie erlöst. Es ist eine befreiende Melodie in einer Welt, die von so viel Leid gezeichnet ist, hervorgerufen durch die Leidenschaften des alten Liedes.

Wir brauchen mehr Orte zum Einstimmen und Einüben dieser neuen Melodie.

Daß Trauer so schwer sein kann . . .

Durch einen tragischen Betriebsunfall hat mein Freund seinen 19jährigen Sohn verloren. Zunächst hatten sie noch Hoffnung, er könne gerettet werden. Doch nach 14 Tagen auf der Intensivstation und nach mehreren Operationen ist er dennoch gestorben. Aus den Briefen meines Freundes spricht der ganze Schmerz. Ich weiß, oft hat er anderen in ihrer Trauer geholfen. Doch jetzt hat es ihn und seine Frau getroffen. Er schreibt: Daß Trauer so schwer sein kann, hätte ich nie gedacht. Eine unsagbare Traurigkeit hat uns ergriffen. Alle Gedanken und auch alle Glaubensinhalte sind wie weggespült. –

Er bittet darum: Denkt an uns, und betet für uns. Mir wird auch deutlich, wie wichtig es für die beiden ist, ihre Not herausschreien zu können: Warum? – Womit haben wir das verdient? – Was will Gott uns damit sagen? – Haben wir uns schuldig gemacht? – Und die quälenden Gedanken wollen nicht weichen. –

Ich versuche, teilnehmend mitzufühlen. Doch ich merke, wie schwer das letztlich ist. Im Grunde ist es unmöglich. Ich falte für sie die Hände. Dabei fällt mir ein Wort der Bibel ein: Dennoch bleibe ich stets an dir; du hältst mich bei meiner rechten Hand! – Wieder und wieder lese ich seinen Brief. Einen Satz unterstreiche ich besonders: Und obwohl alles so schlimm ist, sind wir doch unerklärlich gehalten und getragen. –

„Herr, halte sie jetzt!“ kommt mir über die Lippen. Mir wird klar, mit unserem „dennoch bleiben“ ist es nicht weit her, wenn Gott uns nicht hält. Ich freue mich und staune über das Wort, das über der Danksagung an alle Freunde steht. Es ist wie ein Bekenntnis und wie eine Bitte zugleich: Jesus Christus spricht, ich bin die Auferstehung und das Leben. Wer an mich glaubt, wird leben, ob er gleich stirbt. –

Ein besonderer Gruß an alle, die ähnlich trauern.

Das kannste vergessen!

Unterwegs treffe ich einen meiner Freunde. Es geht ihm nicht gut. Seine Beschwerden machen ihm zu schaffen.

„Was soll ich bloß machen?" fragt er. Ich erzähle ihm von Erfahrungen, die ich mit der besonderen Art von Medizin gemacht habe, bei der geringste Mengen große Wirkungen auslösen. Er aber wehrt ab: Das kannste doch vergessen! Wie soll das denn wirken? – Seine Antwort macht mich sehr nachdenklich.

Einige Tage später sitze ich in einer Gesprächsrunde. Wir sprechen über den christlichen Glauben und vor allem über die Möglichkeit, mit unserem Glauben in dieser Welt etwas auszurichten. Mir fällt auf, wie einige Teilnehmer über ihren kleinen Glauben klagen. Sie trauen ihrem Glauben wenig zu. Ich verstehe sie gut. Doch plötzlich werde ich an den Satz meines Freundes erinnert: „Das kannste vergessen!" – Ich berichte darüber in der Runde. Im Gespräch wird uns deutlich, es gibt unter Christen offenbar im Blick auf ihren Glauben so eine Art „Kannste-vergessen-Haltung". Sie haben ihren Glauben, sie bewahren ihn auch, aber sie wagen es nicht, damit wirklich etwas auszurichten. Sie denken immer, ihr Glaube sei noch zu klein. Also: „Kannste vergessen!"

Dann erinnert uns im Gespräch einer an die Worte Jesu von dem winzigen Senfkorn. Jesus sagt: Wenn ihr Glauben habt wie ein Senfkorn, dann könnt ihr Berge versetzen! – Demnach kommt es gar nicht auf unseren großen Glauben an, sondern auf den winzig kleinen, den wir allerdings einsetzen. Der Gedanke fasziniert uns. Schließlich sagt einer: Es ist ein ziemlicher Weg von der Erfahrung „Das kannste vergessen" bis hin zu der anderen „Darauf kannste dich verlassen!" – Aber es ist ein guter Weg.

Beziehungen müßte man haben!

Bei einem guten Bekannten komme ich vorbei. Er trägt gerade ein teures Gerät aus seinem Wagen ins Haus. „Na, wo haben Sie das denn gekauft?" frage ich. Die Antwort kommt prompt: „Das habe ich ganz billig erstanden und dabei mindestens zwei blaue Scheine gespart!" – „Wie ist so etwas möglich?" – „Ja, Beziehungen müßte man haben!" – Er ist richtig stolz. Ich freue mich mit ihm.

Einer Arbeitskollegin will ich zum Geburtstag gratulieren. Es geht hoch her. Viele Menschen, duftende Blumen und schöne Geschenke. Voller Freude zeigt mir das Geburtstagskind ein persönliches Gratulationsschreiben einer in ganz Deutschland bekannten Persönlichkeit. Ich frage erstaunt: „Wie kommen Sie denn dazu?“ – Strahlend antwortet sie: „Ja, Beziehungen müßte man haben.“ – Ich freue mich mit ihr.

In unserem Ort wird ein Volksfest gefeiert. Mit einem Nachbarn komme ich ins Gespräch. „Na, hoffentlich wird gutes Wetter!“ sage ich. Darauf er prompt: „Na, dafür sind Sie doch zuständig! Als Pastor haben Sie doch besondere Beziehungen nach oben.“ – Ich spüre den Schalk in seinem Ton und antworte: „Ja, eben habe ich angerufen. Ich habe die Durchwahlnummer!“ – Er schmunzelt.

Einige Tage später besuche ich einen Schwerkranken im Krankenhaus. Wir haben ein gutes Gespräch. Ich staune, wie er seine Krankheit trägt. Auf seinem Nachttisch entdecke ich eine Karte. Darauf steht: Ich weiß, daß mein Erlöser lebt! – Auf dem Heimweg werde ich an den Satz erinnert: „Beziehungen müßte man haben!“ – Merkwürdig, denke ich, er hat zwar nicht davon gesprochen, aber er lebt aus einer intensiven Beziehung zu Gott. Das ist für ihn wahrlich mehr als blaue Scheine! Und „Religion“ heißt ja auch zu deutsch „Rückbeziehung“. –

Ich werde den Gedanken nicht los: Wie können Christen etwas mehr von ihrer besonderen Beziehung verraten?

Schön wär's doch!

Der Teufel sitzt im Detail

Oliver sagt im Büro zu seinem Kollegen Dieter: „Gestern sind wir uns bei den geschäftlichen Verhandlungen im Grundsätzlichen bald einig geworden. Aber der Teufel saß wieder einmal im Detail!“ – Darauf Dieter, der die nachdenklichen und manchmal auch provozierenden Formulierungen liebt: „Du, ich meine, nicht nur der Teufel sitzt im Detail!“ – „Wieso, wer denn noch?“ – „Ja, Gott sitzt genauso im Detail wie der Teufel.“ – Darauf Oliver: „Nun werd' bloß noch fromm! Du willst doch wohl nicht behaupten, Gott kümmere sich auch um das Kleingedruckte?“ – „Doch, genau das will ich! So sind auch meine Erfahrungen, die göttlichen Dinge entscheiden sich auch im Detail.

Gilt das nicht übrigens auch schon, wenn zwei Menschen sich lieben? Du weißt so gut wie ich, es ist relativ einfach zu sagen: ‚Ich liebe dich.' Es ist aber etwas anderes, dem anderen den kleinen und oft so unscheinbaren Liebesdienst zu erweisen. Darauf kommt es doch aber an. Wenn du so willst, die Liebe liebt das Kleingedruckte, sie liebt das Detail. Und in diesem Sinne meine ich, Gott sitzt auch im Detail." – „Du bist ein Spaßvogel!" sagt Oliver. „Aber du hast recht. Übrigens, wenn du so dein Christsein verstehst, dann sind das ja nicht nur fromme Sprüche. Davor habe ich Respekt. Das ist aber bestimmt nicht einfach!" – „Einfach nicht, aber es macht Spaß!" antwortet Dieter.

Typisch Mensch!

Zunächst ist es nur ein Gespräch über dies und das, über das Wetter und die Wirtschaft. Ich spüre, mein Gesprächspartner am anderen Ende der Leitung braucht erst einen Anlauf, ein Stück Vertrauen. Doch dann bricht es aus ihm heraus:

„Ich habe die Menschen satt! – Immer wieder werde ich von Menschen enttäuscht! – Ich muß aufpassen, nicht bitter gegen Menschen zu werden! – Und wie oft denke ich dann, wieder mal ‚typisch Mensch!'"

Ich versuche, meinen Gesprächspartner zu verstehen und aufzunehmen, wie er sich dabei fühlt. Einige Augenblicke ist es still, dann sagt er mit spürbarer Betroffenheit: „Wissen Sie, und dann entdecke ich bei mir Dinge, über die ich mich bei anderen ärgere oder empöre. Natürlich hüte ich mich, das zuzugeben. Aber so komme ich schließlich auch mit mir selber nicht mehr zurecht. Ich bin eben auch nur ‚typisch Mensch!'"

Wir kommen auf die Bibel zu sprechen. Mein Gesprächspartner fragt mich plötzlich: „Sagen Sie, die Aussage vom ‚neuen Menschen' in der Bibel ist doch auch nur Schwärmerei. Oder ist es Einbildung? Anders kann ich es mir jedenfalls nicht vorstellen."

Ich antworte darauf sehr direkt: „Für mich ist es entscheidend, der ‚neue Mensch', von dem die Bibel spricht, ist nicht das Ergebnis eines religiös-moralischen Aufschwungs nach der Devise ‚am eigenen Schopf aus dem

Sumpf ziehen'. Die Bibel redet überraschenderweise anders. Sie sagt, der Mensch wird überschüttet mit der Liebe Gottes, und dann gibt er von diesem Überfluß weiter." –

„Das würde ich mir wünschen!" sagt mein Gesprächspartner prompt. Er fügt nachdenklich hinzu: „Dann müßte es doch auch ein ganz anderes ‚typisch Mensch' geben, entsprechend diesem Jesus von Nazareth."

Die Helfershelfer!

Wie oft geschieht ein Raubüberfall. Die Zeitungen berichten immer ausführlich darüber. Und alle sind erschrocken. Dann lesen wir, von den Tätern fehlt noch jede Spur. Wir fragen uns, wie kann so etwas immer wieder passieren. Fachleute sagen dann, es kann keine Tat von Einzeltätern sein. Sie müssen Helfershelfer gehabt haben . . . Aber wo soll man sie suchen? Die Angst geht um. Wir sind zunehmend verunsichert.

Auch die Nachdenklichen sind ratlos. Die Polizei ist froh über jeden Fall, den sie aufklären kann. Aber oft bleiben alle Bemühungen umsonst. Und dann ist regelmäßig von dem Umfeld die Rede und eben von den Helfershelfern, die solche Taten ermöglichen.

Ich gebe zu, bei dem Wort Helfershelfer stocke ich. Ich überlege, was dieses Wort eigentlich bedeutet. Da ist von Helfern der Helfer die Rede. Im Grunde ärgere ich mich, wie ein solch gutes Wort für eine so böse Sache gebraucht wird. Und ich empfinde es als schmerzlich, wenn Helfershelfer des Bösen oft sogar die Helfershelfer des Guten in ihrem Tun entmutigen.

Ja, ich spreche bewußt von den Helfershelfern des Guten. Und ich denke an den Mann, der solche Helfershelfer sucht. Es ist Jesus von Nazareth. Schon sein Name ist ein Programm. Jesus heißt auf hebräisch „Jeschua", zu deutsch „der Helfer". Und so stelle ich mir vor, jeder Christ ist im Grunde ein Helfer dieses Helfers, der von Gott gekommen ist. Eine gute Vorstellung, wie ich meine. Ich wünsche mir, daß alle diese Helfershelfer stolz darauf sind, „im Umfeld" dieses Helfers zu leben.

Aber das ist es ja, sie helfen dann auch im Geiste ihres Meisters. Sie helfen nicht, um selber möglichst viel Profit zu machen. Sie helfen, damit andere gut wegkommen und sogar gerade die, die am Rande stehen, die im Schatten leben. Das ist schon eine besondere „Helfershelfer-Mentalität“. Ich staune. Ich habe Hochachtung vor diesen Helfershelfern und beglückwünsche sie zu ihrem Dienst. Und das Erstaunliche ist, ihr Leben wird dadurch reich. – Diese Helfershelfer!

Der Nächste bitte!

Im Wartezimmer des Arztes ist Hochbetrieb. Alle warten, bis sie drankommen. Jeder sucht Hilfe und Heilung. Die Arzthelferin öffnet die Tür und sagt: Der Nächste bitte! – Einer, der vor mir gekommen ist, steht auf und humpelt langsam zum Sprechzimmer. –

Ja, so muß ich denken, das ist jetzt der Nächste für den Arzt. Er wird sich ihm ganz zuwenden. Er hat sich ihn nicht ausgesucht. Aber er ist jetzt für ihn da. So wird der Arzt zum Nächsten für diesen Nächsten.

Ich muß schmunzeln. Der kleine Satz „der Nächste bitte!“ hat's in sich. – Und gleichzeitig werde ich sehr nachdenklich. Während ich mich im Wartezimmer nach den Nächsten umschaue, entdecke ich mich in Gedanken plötzlich im Wartezimmer meiner kleinen Welt, zusammen mit diesem und mit jenem, mit solchen, die mir gefallen, und mit anderen, die mir weniger liegen oder die ich gar nicht mag. Ich merke, in meinem Kopf sortiere ich leicht ein wenig und ziehe dann leicht den Übernächsten dem Nächsten vor.

Doch da fällt mir ein, Jesus sagt: Der Nächste bitte! Du sollst deinen Nächsten lieben wie dich selbst! Gerade der Nächste braucht dich. Und du brauchst den, der für dich der Nächste ist. Werdet einander Nächste! Das ist Jesu Meinung.

Plötzlich kommt mir der Gedanke, wie sehr ich mir meine Kirche wünsche als einen Ort zum Einüben dieses Satzes „der Nächste bitte!“ – Aber bitte nicht vorsortiert! – so möchte ich sofort hinzufügen.

Während ich mir gerade noch überlege, wie oft ich diesen Satz wohl noch hören muß, um ihn einzuüben, ruft die Arzthelferin wieder durch die Tür „der Nächste bitte!". Und ich bin dran. Jetzt ist der Arzt mein Nächster. Wie gut!

Heute abend will ich mich besuchen!

Heute abend will ich mich besuchen. Hoffentlich bin ich zu Hause! – So sagt der Mann, der immer so viele Termine hat. Er sagt es eines Tages kurz vor Feierabend zu seiner Sekretärin. Sie wundert sich darüber. Solche Töne kennt sie sonst gar nicht von ihrem Chef. Aber den Humor in seiner Stimme hat sie wohl wahrgenommen.

Vorsichtig fragt sie ihn: Na, woher haben Sie den Spruch denn? – Den habe ich irgendwo gelesen, und ich fand ihn gut, sagt der Termingeplagte. Außerdem, ich muß zugeben, der Satz rührt bei mir an einen ziemlich wunden Punkt. Wann komme ich denn mal zu mir selber? Meist noch nicht einmal zu Hause. – Jetzt wundert sich die Sekretärin noch mehr. So offen hat er so etwas noch nie zugegeben. Sie bittet ihn, den Satz noch einmal zu wiederholen. – Ja, sagt er, heute abend will ich mich besuchen, hoffentlich bin ich zu Hause. –

Doch dann fügt er noch eine Frage hinzu. Er weiß, seine Sekretärin hält sich zur Kirche: Sagen Sie, Frau K., kommen in der Bibel nicht auch gelegentlich solche ähnlichen Gedanken vor. Ich muß zugeben, bisher konnte ich mit all dem wenig anfangen. Aber vielleicht ist da ja doch mehr dran, als ich denke. – Sie überlegt einige Augenblicke. Dann erinnert sie sich an ein Wort. Im Bibelkreis hatten sie vor kurzem darüber gesprochen. Und so antwortet sie ihrem Chef: Ja, im Psalmbuch heißt es einmal: „Meine Seele ist stille zu Gott, daß er mir hilft." – O, sagt er nachdenklich, da werde ich bestimmt noch manchen Besuch bei mir machen müssen, bis ich so weit komme. Sie wissen ja, über das Wort Seele habe ich manchmal gespottet.

Das tue ich jetzt nicht mehr. Aber ich glaube, ich brauche Hilfe. Ob Sie mir helfen können? –

Kein Tag ohne Liebe

Die ganz andere Mehrwertsteuer

An der Theke kommen wir ins Gespräch. Der Mann links von mir ist einer mit Pfiff und Humor. Zunächst haben wir die Mehrwertsteuer am Wickel. Ich spüre, er hat Ahnung. Er wartet mit vielen Zahlen auf. Wir sind uns einig. Gerne zahlen wir die Mehrwertsteuer nicht, aber ohne sie ist heute „kein Staat zu machen", wie es mein Nachbar etwas doppeldeutig ausdrückt.

Eine Weile später kommen wir auf Liebe und Partnerschaft zu sprechen. Der Mann zu meiner Rechten klagt, es gebe so viele Ehen und Partnerschaften, die an Langeweile kranken. „Woran liegt das nach Ihrer Meinung?" frage ich. Er zuckt mit den Schultern und meint, es seien vielfach gerade die Paare, bei denen es äußerlich an nichts fehle. Aber es läuft eben nichts mehr.

Der Mann zu meiner Linken hebt sein Glas mit verschmitztem Lächeln: „Soll ich euch verraten, woran das liegt?" – Wir sind natürlich gespannt. Er sagt: „Auch in der Liebe kommt es auf die Mehrwertsteuer an! Das ist so wie bei den Dienstleistungen in der Wirtschaft, unterm Strich immer plus Mehrwertsteuer!"

Wir wollen es noch genauer wissen. Er meint: „Es ist das kleine Zeichen der Liebe, der besondere Gruß, das Blümchen, das Lächeln, die Fünf-Minuten-Extra-Zuwendung."

Offenbar spricht er aus Erfahrung. „Dadurch kann ich unterm Strich dazu bei‚steuern', daß mein Partner weiß, er ist ‚mehr wert'!" – Und wieder folgt sein Ausdruck: „Mit dieser ‚ganz anderen Mehrwertsteuer' läßt sich in jeder Ehe ‚Staat machen'."

Das Gespräch vergesse ich nicht. Mir fällt dabei ein, auch die Bibel spricht von der Liebe, die den anderen aufwertet (Römer 12, 10). – Aber diese „MWSt." ist freiwillig. Das ist gerade ihr besonderer Reiz, und das macht sie so wertvoll. Die Phantasie ist die Tochter der Liebe.

Mein lieber Schatz!

Das nenne ich schlagfertig: Er sagt zu ihr: „Du bist mein lieber Schatz!" – Sie antwortet ihm: „Aber dein Auto streichelst du am meisten!" – Sie sagt zu ihm: „Du bist mein lieber Schatz!" – Er antwortet ihr: „Aber für deine Mode hast du mehr übrig als für mich!" – Er sagt zu ihr: „Mein lieber Schatz!" – Sie antwortet ihm: „Aber verheiratet bist du mit deiner Arbeit!" – Sie sagt zu ihm „Mein lieber Schatz!" – Er antwortet ihr: „– – –!"

Nun, ich weiß nicht, was. Es gibt viele „Schätze", die sich zwischen Schatz und Schatz einschleichen können. Die „Schätze" unseres Partners kennen wir übrigens meist besser als unsere eigenen. Manche solche „Schätze" sind ganz schön versteckt, kaum zu greifen, und doch sind sie da und ziemlich anspruchsvoll dazu.

Das ist klar: Wer Schatz eines anderen ist, der möchte auch über alles geschätzt werden. Umgekehrt genauso. Aber wie leicht kommen da immer wieder die „Schätze" dazwischen.

Jesus sagt es übrigens einmal sehr deutlich: Wo euer Schatz ist, da wird auch euer Herz sein (Lukas 12, 34). Und er denkt an äußere Schätze. Wie leicht kommt es also zu einem Schatz-Herz-Verhältnis! Nichts gegen Schätze. Gut, wenn wir sie haben. Aber sie haben es eben in sich. Wie leicht haben sie uns! Und was dann?

In diesem Zusammenhang spricht Jesus von Hoffnung, von einer Hoffnung, die größer ist als wir und als die Schätze, die wir haben. Er spricht von der Hoffnung auf Gott, die frei macht. Mir scheint, wir brauchen Lehrmeister in Hoffnung, und das wird sich dann auch auswirken auf die Beziehung von Menschen, die sich schätzen, die füreinander Schatz sind.

Meine ist noch besser!

Lieben Sie Comic-Bilder? – Eine Bildfolge aus einer englischen Serie hat mir besonders Spaß gemacht: Flo, die Frau eines englischen Arbeiters und permanenten Tunichtguts, marschiert mit trauriger Miene im Wohnzimmer auf und ab. Auf dem nächsten Bild steht sie mit verschränkten Armen da und denkt nach. Dann sagt sie: „Ist doch lachhaft! Drei Tage nicht miteinander reden!“ – Auf dem nächsten Bild geht sie zu ihrem Andy und sagt: „Tut mir leid, daß ich so war. – Du hattest recht. – Bist du mir noch böse?“ –

Andy ist verblüfft und sagt: „Okay, ist in Ordnung“, zieht seinen Mantel an und geht zur Tür. Auf dem nächsten Bild schlingt Flo ihre Arme um ihn und drückt ihm einen langen, feuchten Kuß auf die Backe. – Andy guckt überrascht und sagt nichts. Er geht weiter und trifft draußen einen Kumpel, der zu ihm sagt: „Ich hab's mitgekriegt, eine Frau, die sich entschuldigt, wenn sie Unrecht hat, die ist in Ordnung.“ – Sie gehen eine Ecke weiter, da sagt Andy: „Meine ist noch besser, die entschuldigt sich sogar, wenn sie recht hatte!“ –

Soweit die Comic-Bildfolge. „Meine ist noch besser!“ – Es kann auch andersherum heißen: „Meiner ist noch besser!“ – Mir ist klar, mit Unterwürfigkeit darf das nichts zu tun haben. Das wäre nicht gut und würde wohl auch nicht helfen. Wer wirklich vergeben will, der muß stark sein. Zur Vergebung gehört mehr Kraft als zur Vergeltung. Es kommt demnach weniger darauf an, im Streit das letzte Wort zu behalten, als darauf, zum Frieden das erste Wort zu finden. Ich kann gut verstehen, wenn Jesus die Friedensstifter glücklich preist. Er nennt sie Kinder Gottes.

Wir beide!

Die beiden sitzen mir gegenüber. Vor fünf Jahren haben sie sich das Ja-Wort gegeben. Aus ihren Augen spricht jetzt Traurigkeit. „Wir schaffen es nicht mehr!“ sagt er. „Mit großen Idealen sind wir in die Ehe gegangen. Es sollte gut werden, aber es ist alles anders gekommen.“ – Ihr kommen die Tränen. Ich freue mich, daß sie den Mut gefaßt haben zu kommen, und sogar beide gemeinsam. Ich sage ihnen das auch.

Sie klagt: „Wir verletzen uns so oft. Das tut weh. Und je länger es so geht, desto tiefer sind unsere Verletzungen!“ – Ich spüre, sie sind weniger böse aufeinander, als vielmehr hilflos. Offenbar haben sie sich ziemlich verheddert.

Vorsichtig frage ich: „Kann es sein, daß Sie über Ihre Ideale stolpern?" – Einige Augenblicke ist es still. Dann fragt sie: „Meinen Sie, wir stellen zu hohe Anforderungen aneinander?" – „Das kann sein! Ich vermute sogar, wenn Sie Ihren Partner immer wieder an Ihrem Idealbild messen, dann muß er sich minderwertig fühlen und die gegenseitigen Vorwürfe werden zunehmen. Außerdem schärft sich mehr und mehr Ihr Blick für das, was nicht stimmt, und Sie werden blind für das, was Sie verbindet."

Wir sprechen lange darüber. Vieles erscheint ihnen neu. Plötzlich bricht es aus ihm heraus: „Genau so ist es bei uns seit Jahren! Aber ich finde das dauernde Streiten schrecklich!" – Wiederum frage ich: „Kommt es vielleicht gerade darauf an, das richtige Streiten zu üben?" – „Oh, das haben wir nie gelernt!" erwidert sie prompt. – Zögernd antworte ich: „Uns hat es in der Ehe geholfen, daß wir aufhören, ‚idealstrebig' zu sein, und anfangen, miteinander ‚konfliktfähig' zu werden. Ich weiß, das ist ein langer Weg. Aber er lohnt. Meine wichtigste Entdeckung dabei ist: Ich lerne mich anzunehmen wie ich bin und den anderen, wie er ist. So suchen wir beide unseren Weg."

Hast du heute schon gelebt?

Auf der Heimfahrt stehe ich im Feierabendstau vor einer Ampel. Am Rückfenster des Wagens vor mir entdecke ich einen Aufkleber mit dem Text „Hast du heute schon gelebt?" Ich kann es gerade noch lesen, bevor die Ampel auf Grün schaltet und sich der Verkehr wieder in Bewegung setzt. Während ich auch weiterfahre, merke ich, wie die Frage auf dem Aufkleber mich beschäftigt.

In Gedanken rollt mein Tag noch einmal vor mir ab. Was lag drin? Was habe ich nicht geschafft? Habe ich heute schon gelebt? Merkwürdig, jetzt sehe ich all die anderen Heimfahrer in ihren Autos mit derselben Frage an. Jeder hat wieder ein Stück seines Lebens hinter sich. Dabei schießt mir der Gedanke durch den Kopf, so leicht ist das gar nicht mit dem Leben! Und ich will doch leben, und alle anderen genauso wie ich.

Dabei kommt mir ein früherer Arbeitskollege in den Sinn. Ich hatte ihm erzählt, ich müßte aus Gesundheitsgründen auf einige Genußmittel verzichten. Darauf hatte er prompt geantwortet: Was hat man dann noch vom Leben! – Ich weiß, der Satz hatte mich seinerzeit ziemlich geärgert. Wie oft habe ich mir seitdem klargemacht, Leben ist doch mehr als Genußmittel. Aber offenbar hatte er doch einen wunden Punkt getroffen. –

Nun aber, so frage ich mich weiter, habe ich heute schon gelebt? Inzwischen bin ich auf der großen Ausfallstraße und entdecke plötzlich noch einmal das Auto mit dem Aufkleber. Jetzt erst sehe ich das kleine „i" über dem Wort „gelebt".

Ja, das ist es, denke ich: Hast du heute schon geliebt? So gesehen sieht die Frage nach meinem Alltag noch einmal ganz anders aus. Den Aufkleber finde ich gut. Aber ich brauche Übersetzungshilfen in all die Situationen, wo es auf die Liebe ankommt.

Die Welt könnte anders ausehen.

Kein Tag ohne Liebe!

„Das ist leichter gesagt als getan!" sagte ein Mann – Mitte dreißig – in einer Gesprächsrunde von Eheleuten und solchen, die es werden wollten. Sie hatten sich zum Wochenende getroffen, um miteinander zu reden. Bei einem Teilnehmer hatte der Mann den Aufkleber „Kein Tag ohne Liebe" entdeckt. – „Übrigens ein guter Werbeslogan der Firma und für deren Produkte", hatte er noch hinzugefügt. „Aber es ist auch eine Werbung für mehr Liebe."

Im Gespräch waren sich alle einig, der Satz gilt auch für den sexuellen Bereich. Offen sprachen sie darüber. Einige meinten, gerade beim Sex ist Liebe zum Partner keineswegs selbstverständlich. Oft ist es ja gerade da leichter gesagt als getan.

„Kein Tag ohne Liebe." – Ein anderer Teilnehmer hörte den Satz für sich noch ganz anders. Die anderen in der Runde konnten ihm zunächst nicht recht folgen. Er erzählte, wie wenig Liebe er als Kind erfahren hatte und was ihm die Liebe Gottes bedeutete.

Jetzt nahmen sie ihm seine Worte ab. Er sagte: „Ich höre aus dem Satz, es gibt keinen Tag, an dem die Liebe

Gottes zu mir nicht gilt. Weil ich das weiß, kann ich mich auch selbst lieben lernen." Sehr zurückhaltend fügte er noch hinzu: „Ich habe es oft schwer, mich wirklich zu akzeptieren, wie ich bin."

Alle verstanden ihn gut. So hatten sie den Satz auf dem Aufkleber allerdings noch nie gehört. „Übrigens", so fügte der eine noch hinzu, „jeden Tage beginne ich damit, mir klar zu machen: Auch dieser Tag nicht ohne die Liebe Gottes! Und dann bin ich geradezu gespannt darauf, welche Gelegenheiten sich während des Tages bieten, an andere ein kleines Zeichen solcher Liebe weiterzugeben. – So macht der Tag oft richtig Spaß." – Ob denn das auch für den Allernächsten in der Ehe gelte, wollten jetzt die anderen wissen. –

Lügen ist nicht leicht!

So sagt es kürzlich ein Rechtsanwalt: Ich weiß, wie man in der Politik mit der Wahrheit umgeht. Ich weiß auch, wie schwer es für Wirtschaftler ist, nicht zu lügen. Und ich kenne meinen Beruf. Wie oft muß ich mit Überzeugungskraft Dinge vertreten, die, bei Lichte besehen, der Wahrheit nicht standhalten! Ich fühle mich wie in einem Gestrüpp von Wahrheit, Halbwahrheit und Lüge. Und dann ist Feierabend. Ich komme nach Hause. Schaffe ich es, das Gestrüpp hinter mir zu lassen und meiner Familie gegenüber wahr und offen zu sein? Lügen ist nicht leicht!

Ich frage einen Wirtschaftler nach seiner Erfahrung und Meinung. Prompt kommt die Antwort: Das ist doch normal! – Ich erschrecke. Was ist normal? Die Gedanken schwirren mir im Kopf herum. Wie wirkt sich solche „Normalität" auf das Denken, Fühlen und Wollen des Menschen aus? Ein junger Ehemann öffnet sich mir gegenüber: Manchmal trage ich sogar meiner Frau gegenüber eine „freundliche Rüstung", hinter der ich verschwinde. Ich bin ihr ganz nah und doch ganz fern. Wir sprechen lange miteinander.

Da fällt mir ein: Was meint Jesus eigentlich, wenn er sagt: „Die Wahrheit wird euch frei machen!" – Ein großer Satz. Ich wünschte mir diesen Satz in kleiner Münze, übersetzt für den Rechtsanwalt, für den Politiker, für den Wirtschaftler, für den Ehemann, für mich.

Eines empfinde ich deutlich: Jesus erhebt nicht den Zeigefinger. Im Grunde spricht er eine Einladung aus. Es ist eine Einladung auf einen Weg. Mir scheint, wir brauchen mehr Erfahrungsaustausch auf diesem Wege.

Vertrauen ist gut!

Wir wissen, der Spruch geht weiter: Kontrolle ist besser! Der Satz soll ursprünglich von Lenin stammen. Ich finde ihn wieder als Werbeslogan auf der Messe. Es geht um neueste technische Geräte. Alle möglichen Kontroll- und Sicherungsmechanismen sind eingebaut. Ich höre den Fachmann sagen: Darauf können Sie sich verlassen! – Ich gehe einige Schritte weiter und begegne einem jungen Paar. Sie sind offensichtlich glücklich verliebt. Ich muß schmunzeln. Was in der Technik richtig und nötig ist, das gilt offenbar für die beiden nicht. Für sie muß es andersherum heißen: Kontrolle ist gut – Vertrauen ist viel besser. Auf ihr gegenseitiges Vertrauen können sie sich verlassen. Das ist ihr größtes Kapital. Und je größer das Vertrauen, desto weniger die gegenseitige Kontrolle.

Aber ich weiß, so ist es nicht immer. Wie oft belastet und zerstört der Leninsche Satz die zwischenmenschlichen Beziehungen. Auf gegenseitiger Kontrolle kann kein Vertrauen wachsen.

Jesus setzt auf Vertrauen im Umgang mit Menschen, nicht auf Kontrolle. Er setzt auf Vertrauen, auch bei den Ausgestoßenen. Deswegen haben ihn viele verspottet und abgelehnt und schließlich getötet. Aber bei anderen weckt sein Vertrauen wiederum Vertrauen. Menschen verlassen sich auf Jesus. Sie glauben an ihn. Solcher Glaube macht sie nicht „vertrauensselig“, sondern fähig, im Umgang mit anderen auch auf das Vertrauen zu setzen, nach dem Motto: „Kontrolle ist gut, Vertrauen ist besser.“ Im Grunde suchen sie geradezu nach Möglichkeiten zu „vertrauensbildenden Maßnahmen“. Wo sie sind, wollen sie Vertrauen wecken.

Die Sache muß Hand und Fuß haben

Hallo Schutzmann – Dankeschön!

Ich stelle mir vor, jeder Leser dieser Zeilen sagt einem Polizisten oder einer Polizistin einmal ausdrücklich „Danke!“ – Das wäre gut. Sie haben unseren Dank verdient. Sie tun oft einen schweren Dienst, und sie tun ihn Tag und Nacht zu unser aller Schutz. Sie werden gerufen, wo immer Not ist. Und sie kommen sofort.

Wie oft müssen sie zur Stelle sein, wo Menschen sich nicht mehr vertragen und aufeinander einschlagen. Sie werden alarmiert, wo Menschen überfallen oder ausgeraubt werden und begeben sich dabei oft selber in Lebensgefahr. Sie regeln den Verkehr und setzen sich den Abgasen unserer Autos aus. Bei Verkehrsunfällen müssen sie immer wieder mit schwierigsten Situationen fertig werden und dabei auch persönlich schreckliche Bilder und Eindrücke verkraften. Und mancher Beamter mußte bereits den traurigen Dienst übernehmen, die Nachricht vom Unfalltod zu überbringen.

Und immer sollen sie besonnen bleiben, auch bei Veranstaltungen und Demonstrationen, wenn sie oftmals Menschen schützen, deren Meinungen sie in keiner Weise teilen. Wie oft sind sie in ihrem Dienst Beschimpfungen ausgesetzt! Manchmal denke ich, wie werden sie damit fertig? Denn ich weiß, jeder Beamte ist auch ein Mensch, der fühlt.

So möchte ich immer wieder einmal sagen: Hallo Schutzmann – Dankeschön! und dabei auch alle die einschließen, die hinter den Kulissen ihren Dienst oft unbemerkt und unbeachtet tun. Natürlich gelingt auch der Polizei nicht alles. Auch Polizisten machen Fehler. Aber wie sollten wir ohne ihren Schutz zurechtkommen? Christen danken Gott für den Dienst der Polizei und möchten den Dank auch denen weitergeben, die diesen Dienst tun.

Aus alt mach neu!

Von den Bauarbeitern habe ich's gelernt. Seit über einem Jahr kann ich sie vom Fenster meines Arbeitszimmers beobachten. Sie renovieren eines der ältesten Häuser Hannovers. Erst war von Abriß die Rede. Die Kosten einer Renovierung seien zu hoch. Dann wurde von der Notwendigkeit gesprochen, alte Bausubstanz zu erhalten. Eines Tages fiel die Entscheidung: Aus alt mach neu! – Und dann geht's los.

Die Handwerker rücken an. Über ihr Können und ihren Fleiß staune ich. Es gibt viel Lärm und jede Menge Bauschutt. Lange ist hinter der Baufolie nur das Fachwerkgerippe des Hauses zu sehen. Alles läuft nach Plan. Tag für Tag und Woche für Woche. Das Haus wird von Grund auf renoviert. Von unten nach oben und von innen nach außen. Anders geht es nicht, sagen die Bauarbeiter.

Da fällt mir ein: Unsere Kirche – ich denke jetzt nicht an die Gebäude – ist noch viel älter. Auch da reden viele von Abriß, von Traditionsabbruch und Substanzverlust. Andere wiederum machen deutlich, es komme auch hier auf die Erhaltung der „alten Bausubstanz“ an. – Ich überlege: Wenn wir Christen bewußt das Reformationsfest feiern, dann bekennen wir uns damit auch zu der Entscheidung: „Aus alt mach neu!“

Aber bei der Kirche wird es ebenfalls nach der Regel der Bauarbeiter gehen: von unten nach oben und von innen nach außen. Ich fürchte, wir erwarten zu viel von denen „da oben“, von den Bischöfen und von den Ämtern. Und wir setzen zu sehr auf äußere Strukturen und Organisationen. – Von unten, das heißt doch: Wo zwei oder drei anfangen zu beten und zu tun. Und von innen, das heißt doch: Wo viele anfangen umzukehren und zu glauben. Das wird nur Hand in Hand gehen. Am Fenster meines Arbeitszimmers bete ich: Herr, ich danke dir für die Bauarbeiter und für das, was sie uns lehren.

Ich lebe vom Gespräch

Vor dem Zeitungsverkäufer an der Ecke habe ich hohen Respekt. Wenn ich früh morgens vorbeikomme, verkauft er schon längst seine Zeitungen, und abends wird es oft 19 Uhr, bevor er nach Hause kommt. Manchmal überlege ich, wie er es wohl auf die Dauer auf seinen zwei Quadratmetern aushält, umgeben von der Massenware an Bildern und Bildchen, von Titeln und Schlagzeilen.

Eines Tages spreche ich ihn an: „Sagen Sie, wie schaffen Sie das in Ihrem so engen Häuschen?“ – Er wundert sich über meine Frage, und ich spüre, wie er sich freut über mein Interesse an seiner Arbeit. Und dann berichtet er: „Wissen Sie, die meisten haben es eilig. Manche gehen sogar wortlos vorbei, sie nehmen mich gar nicht wahr. Sie legen ihr Geld hin und nehmen ihre Zeitung mit. Aber oft bleibt auch jemand stehen, so für eine Zigarettenlänge. Dann unterhalten wir uns. Das tut gut. Im Grunde lebe ich vom Gespräch.“

Als ich mich ihm vorstelle und sage, ich sei Pfarrer, erzählt er mir weiter von seinen Erfahrungen: „Ob Sie es glauben oder nicht, oft muß ich auch den Kummer der Menschen anhören. Aber ich tue das ganz bewußt. Ich vermute, sie haben sonst niemanden, mit dem sie richtig reden können.“

Überrascht antworte ich: „Oh, dann kann Ihr Kiosk ja manchmal so etwas sein wie ein Beichtstuhl mitten in unserer Stadt!“ – „Sie werden sich wundern, das habe ich schon manches Mal denken müssen, wenn Menschen bei mir ihr Herz ausschütten. Aber was soll ich dann sagen? Zunächst bin ich einfach Ohr.“ – Ich bedanke mich bei meinem Zeitungsverkäufer. Er verkauft nicht nur Zeitungen, er schenkt auch sein Ohr. Nicht nur er lebt vom Gespräch. Auch andere können sich bei ihm aussprechen. Ich bin sicher, auch Zeitungsverkäufer können auf diese Weise zu Mitarbeitern Gottes werden.

Das Auge ißt mit

Die Köche Hannovers haben mich zu ihrem Fest eingeladen. Sonst stehen sie Tag für Tag und oft bis spät in die Nacht in ihrer Küche, um für ihre Gäste die schönsten Gerichte zu kochen. Heute jedoch lassen sie sich bedienen. Sie genießen an einer festlichen Tafel das für sie bereitete Mahl.

Am Tisch stelle ich mich als einen ihrer Kollegen vor. „Wie meinen Sie das ?" fragt sofort einer in der Runde. – „Sie werden lachen", antworte ich, „wie Sie die Speisen für Ihre Gäste mit Liebe zubereiten, so versuche ich, das Wort Gottes für die Menschen mit Liebe so zuzubereiten, daß sie es aufnehmen und verstehen können, ja daß es ihnen schmeckt."

„Vielleicht haben sie Recht", sagt schmunzelnd mein Nachbar zur Rechten, und er redet mich jetzt auch als „werter Kollege" an, „aber wenn das so ist, dann möchte ich doch noch folgendes bemerken: Bei uns muß die Speise vor allem frisch sein und natürlich auch wirklich gar, selbstverständlich auch gut abgeschmeckt und schließlich schön angerichtet." –

„Oh, das kenne ich ähnlich! Sie finden es bestimmt nicht gut, wenn der Pastor auf der Kanzel noch ‚kocht'. Und auf die Würze in der Ansprache werden Sie auch nicht verzichten wollen. Und frisch, na auf jeden Fall das! Im Grunde sind wir wirklich auf mancherlei Weise Kollegen."

„Wissen Sie", meint schließlich mein linker Nachbar, nachdem wir herrliche Bilder von der Europameisterschaft der Köche gesehen haben, „ja, das Auge ißt eben mit!" – Sehr beeindruckt antworte ich spontan: „Das ist wirklich wahr!" – Und ich muß an das Wort der Bibel denken: Schmecket und sehet, wie freundlich der Herr ist! – Auch bei der Freundlichkeit Gottes „ißt das Auge mit".

Und inzwischen sind die Köche Hannovers sogar Weltmeister geworden. „Hoch soll'n sie leben!"

Die Sache muß Hand und Fuß haben!

An der Autobahnauffahrt nehme ich einen Anhalter mit. Wir fahren Richtung Süden. Im Radio läuft das Morgenprogramm. Wir unterhalten uns, wie man es so tut, wenn man sich gar nicht kennt.

Da wird im Radio die Morgenandacht angesagt. Ich drehe etwas lauter. So können wir gemeinsam zuhören. Eine offenbar junge Pastorin erzählt eine biblische Geschichte. Sie macht es sehr anschaulich. Sofort danach folgt wieder Musik. Ich stelle wieder leiser. „Was halten Sie denn von so etwas?“ frage ich meinen Mitfahrer. Seine Antwort kommt prompt: „Ach, wissen Sie, ich kann wenig damit anfangen. Bei mir muß alles Hand und Fuß haben.“

Das läßt mich aufhorchen. Er erzählt, wie er in seiner Jugend die Kirche und den Glauben oft so theoretisch und immer etwas abgehoben empfunden habe. „Manchmal war ich stinksauer“, sagt er. „Ich wollte etwas mitbekommen, aber es hat nicht geklappt.“

Im weiteren Gespräch berichtet er mir, er habe gerade bei einer Transportbandfirma angefangen. Das sei höchst interessant. – „Oh, dann sind wir im Grunde ja Kollegen!“ Ich sage das mit etwas Humor in meiner Stimme. „Wieso?“, fragt er, „was machen Sie denn?“

„Ja“, antworte ich, „ich arbeite bei einer ganz großen ‚Transportbandfirma‘.“ – Ich merke, er guckt etwas skeptisch zu mir herüber. – „Ich versuche dazu beizutragen, daß das Transportband zwischen dem Kopf einerseits und den Händen und Füßen andererseits in Ordnung bleibt, damit der Glaube – wie Sie sagen – Hand und Fuß bekommt.“

Er versteht den Vergleich und schmunzelt. „Oh, das muß ja spannend sein, aber bestimmt nicht leicht!“ Nach einem längeren Gespräch sagt er noch, bevor er aussteigt: „Vielleicht läßt sich ja an meinem Transportband auch noch etwas machen!“

Schütz mal wieder!

Schützenfest in Hannover. Es ist das größte der Welt und eines der ältesten. Schützengesellschaften gab es bereits im Mittelalter. Ursprünglich waren es sogar kirchliche Bruderschaften zum Schutz des Landes, der Stadt und der Menschen. Heute haben die Bundeswehr und die Schutzpolizei diese Aufgabe übernommen. Wir wissen, wie wichtig das ist.

Aber vielleicht können wir der ursprünglichen Bedeutung des Wortes „schützen“ heute in neuer Weise auf die Spur kommen. Ob wir es lernen, Menschen neben uns zu schützen, die benachteiligt sind, die links liegengelassen werden, die sich nicht wehren können? –

Da geht einer tagaus, tagein seiner Arbeit nach. Er tut seinen Dienst mit Fleiß, so gut er kann. Doch da fällt eine spitze Bemerkung. Sie schmerzt ihn. Da wird ein Witz über ihn erzählt. Er schweigt. Er ist verletzt. Er wird bitter. Ich weiß, in einer solchen Situation „Schützenbruder und Schützenschwester“ zu sein, ist keine leichte Aufgabe. Aber es ist eine schöne Aufgabe. Auch dazu brauchen wir ein gutes Auge, aber vor allem ein mutiges Herz.

Jesus hatte ein Auge für die Verachteten. Er hatte ein Herz für die Ausgestoßenen. Jesus war in diesem Sinn „Schützenbruder“. In seiner Nähe konnten Menschen aufleben. Mir scheint, in der Nachfolge dieses Jesus gehören alle Christen zu dieser besonderen „Schützengesellschaft“. Ich kann gut verstehen, wenn Christen sich sonntäglich treffen. Sie üben sich ein für ihren „Schützendienst“, und sie stellen sich selber unter den Schutz Gottes. Ob es viele stille „Schützenkönige“ gibt? Das wäre auch ein Fest wert. Schütz mal wieder!

Buckeln und treten

„Bei uns müssen Sie nach oben buckeln und nach unten treten, sonst sind Sie verloren!“ – Der Mann spricht offenbar aus leidvoller Erfahrung. Ich zögere, es ihm so abzunehmen. – „Ach, Sie haben ja keine Ahnung, was bei uns los ist“, antwortet er prompt. „Sie müssen mal erleben, wie die Leute ‚Rad fahren‘ um die Gunst der Oberen und wie dieselben rücksichtslos sein können, wenn sie auf ihre eigenen Rechte pochen gegenüber Kollegen und Untergebenen. Wer da nicht untergehen will, der muß eben mit den Wölfen heulen, der muß nach oben buckeln und leider auch nach unten treten. Mit frommen Sprüchen ist da nichts zu holen.“ –

Nun, mit frommen Sprüchen will ich auch nicht kommen, und kluge Ratschläge liegen mir sowieso fern. Aber die Sache läßt mir keine Ruhe. Eins ist mir klar: Wenn am christlichen Glauben etwas dran ist, dann wird er sich gerade in der rauhen Luft eines solchen Alltags bewähren müssen. Einer allein wird das kaum schaffen. Darum ist es gut, wenn Christen sich gegenseitig stützen und ermutigen, um einen anderen Weg zu suchen. Aber wie? –

Während ich noch darüber nachdenke, begegne ich den Johannitern, den Mitarbeitern der Johanniter-Unfallhilfe (JUH). Sie berichten von ihrem Dienst an den Hilflosen, den Kranken und Alten, den Unfallopfern und Bedrückten. Mir wird klar, sie „bücken“ sich auf vielfältige Weise nach unten. Ohne solches Bücken wären viele verloren. Doch dann höre ich von ihrem „Treten“. Der Johanniter-Orden lebt aus der Wurzel, daß seine Mitglieder immer wieder „vor Gott treten“, um für ihren Dienst am Nächsten um die rechte Kraft zu bitten. Plötzlich wird mir deutlich, hier ist auch von „Bücken und Treten“ die Rede, aber eben doch ganz anders. Welch eine andere Welt! – Aber erinnert nicht der Name „Johanniter“ an den Gott, der sich zu den Armen bückt? (Johannes – zu deutsch: Gott ist barmherzig). – So möchte ich den Johannitern danken und allen anderen in unserer Gesellschaft, die sich so „bücken und treten“.

Die besondere Vorfahrt

Eine junge Frau humpelt über die Straße. Durch Kinderlähmung ist sie stark gehbehindert. Jeder Schritt bereitet ihr Schmerzen. Der Straßenbahnzug, den sie braucht, kommt gerade. Sie wird ihn nicht mehr erreichen. Andere laufen noch mit schnellen Schritten und können gerade noch einsteigen. Sie kann es nicht. Ihr wird wieder einmal bewußt, es fällt ihr nicht immer leicht, mit ihrer Begrenzung fertig zu werden.

Inzwischen ist die Bahn wieder angefahren. Aber plötzlich hält der Wagen noch einmal direkt neben ihr. Der Schaffner öffnet die Tür und bittet sie freundlich einzusteigen. Er fährt erst weiter, als sie ihren Platz gefunden hat.

Der jungen Frau kommen die Tränen vor Freude. Gibt's denn sowas, denkt sie. Ausdrücklich bedankt sie sich noch einmal bei dem Schaffner. Sie kann es noch gar nicht fassen. Glücklich schaut sie aus dem fahrenden Zug. Oh, wie tut das gut! Sie erinnert sich, ein anderer hatte einmal gesagt: Ich habe auch meine Vorschriften! Das darf ich gar nicht! – Sie weiß genau, wie wichtig und hilfreich Vorschriften sind. Wo kämen wir hin, wenn jeder machen wollte, was ihm gerade paßt?

Beglückt berichtet sie mir von ihrer Erfahrung: „Wie gut, daß es auch einmal diese ‚besondere Vorfahrt' gibt, wobei die kleine Freundlichkeit die Vorfahrt bekommt vor der notwendigen Vorschrift!" Aber sofort nimmt sie noch einmal den anderen Fahrer in Schutz, der sich nach seiner Vorschrift gerichtet hatte. Mir wird deutlich, was diese Erfahrung der besonderen Vorfahrt für diese junge Frau bedeutet. Und ich staune darüber, wie sehr sie selber darum bemüht ist, anderen Menschen, um die sie sich kümmert, gelegentlich solche Vorfahrt der Freundlichkeit spüren zu lassen. „Es gehört aber dazu, wirklich ein Herz für Menschen zu haben", sagt sie zum Schluß.

Ein „Hoch" auf die Müllwerker!

Das muß doch immer wieder einmal gesagt werden: Wir danken unseren Müllwerkern! Sie schaffen den Müll weg, den wir ständig produzieren. Schon früh sind sie auf den Beinen und sammeln all die Behälter ein, die wir einfach an den Straßenrand gestellt haben. Sie sorgen immer wieder für eine saubere Stadt. Ohne sie würden wir bald im Müll ersticken.

Glücklicherweise ist auch diese Arbeit sauberer geworden, aber es bleibt der Schmutz, den sie für uns wegschaffen. Und darum ein Hoch für unsere Müllwerker!

Da fällt mir ein: Ich wünschte, es gäbe auch „Müllwerker" für all den zwischenmenschlichen „Müll", der sich so schnell dort anhäuft, wo Menschen es miteinander zu tun bekommen. Und solcher Müll ist noch schwerer zu beseitigen. Aber ich weiß, solche „Entsorgung" ist genauso lebenswichtig.

Glücklicherweise gibt es auch solche Müllwerker. Sie tragen zur Entspannung bei, wo Menschen unter Spannungen kaputtgehen. Sie tragen zur Entkrampfung bei, wo alles festzufahren droht. Sie tragen zur Entgiftung bei, wo Menschen sich nur noch „angiften".

Zu solcher „Entsorgungs-Arbeit" gehört viel Geist und Humor, ein offenes Auge und ein verstehendes Ohr, und immer wieder ein gutes Wort, das von Geduld und Liebe bestimmt ist. Müssen wir diesen „Müllwerkern" nicht auch danken? Ich bin sicher, so manch einer von ihnen ist auch schon früh auf den Beinen, um vor der Arbeit noch ein Morgengebet zu sprechen und um dadurch Weisheit und Kraft für die Aufgaben des Tages zu bekommen.

Tor! – Tor! –

Für Fußball kann ich mich begeistern. Schöne und spannende Spiele sehe ich gerne. Ich weiß, ein gutes Fußballspiel fördert Fairneß und Teamgeist. Jeder Spieler ist herausgefordert, sein Bestes zu geben und gleichzeitig dem Mitspieler das Beste zuzutrauen. Fußball kennt klare Regeln und ein Ziel: Tore.

Für mich muß es allerdings nicht das Olympia-Stadion sein mit über 100000 Zuschauern auf den Rängen und vielen Millionen an den Fernsehschirmen. Ich beobachte auch gerne die Kinder, die auf der Wiese Fußball spielen, auch wenn ihre Tore nur durch Schulranzen und Jacken markiert sind. Sie spielen ohne Zuschauer, aber sind mit ganzem Eifer dabei. Ich finde es auch toll, wenn Väter am Strand mit ihren Kindern Fußball spielen und sich mit ihnen über Tore kindlich freuen.

Fußball ist ein schönes Spiel. Es ist klar, zu einer guten Mannschaft gehört ein guter Trainer. Ohne regelmäßiges Training keine Tore und keine Siege.

Ich muß zugeben, gelegentlich wünsche ich mir auch gute Trainer für das „Zusammenspiel der Menschen" untereinander im Großen wie im Kleinen mit dem Ziel: weniger Fouls und mehr Fairneß! Dieses Spiel ist immer spannend oder spannungsreich. Kann dabei nicht bereits ein vermiedenes „Foul" ein Sieg oder eine Entschuldigung danach ein „Tor" sein?

Da fällt mir ein: Jesus hat einmal gesagt: Ich bin der gute Hirte, ihr seid meine Schafe! – Ich stelle mir vor, heute könnte er auch sagen: Ich bin der gute Trainer, ihr seid meine Spieler. Meine Spieler lassen sich trainieren von ihrem Trainer (vgl. Johannes 10). Ich bin sicher, dieser Trainer braucht gute Assistenten und vor allem viele Mitspieler.

Und wofür werben Sie?

Im großen Zelt auf dem Schützenplatz sitze ich neben einem Mann aus der Finanzwelt auf der einen und einem Mann aus der Wirtschaft mit seiner Ehefrau auf der anderen Seite. Zunächst kennt keiner den anderen, aber wir kommen miteinander ins Gespräch, soweit es die laute Musik aus den großen Lautsprecherboxen überhaupt zuläßt.

Nach einiger Zeit frage ich den Wirtschaftler: „Gestatten Sie, in welcher Branche sind Sie tätig?" – Die Antwort kommt prompt, und sie ist kurz: „In der Werbung!" – Darauf erwidere ich: „Oh, dann sind wir ja in demselben Metier tätig!" – Und etwas schmunzelnd füge ich hinzu: „Allerdings wird meine Firma größer sein als Ihre!" – Daraufhin skeptisches Erstaunen. Die Frau bemüht sich bereits, große Werbeagenturen Hannovers aufzuzählen. Da fragt der Mann: „Wofür werben Sie denn?"

Ich zögere einen Augenblick. – Was soll ich antworten? Schließlich stelle ich mich vor und sage: „Ich bin evangelischer Pastor." – Darauf sofort: „Oh, das habe ich mir beinahe schon gedacht!" – Es wird ein interessantes Gespräch über Werbung, über Finanzen, über das Schützenfest und über die Kirche. Wir kommen uns näher und sind uns einig, nicht nur in der Wirtschaft kommt es auf gute Werbung an. Die Frau des Wirtschaftlers fügt noch hinzu: „Es kommt auch sehr darauf an, wie ein Pastor seine Sache vertritt." – Sie hat recht, denke ich, und ich überlege, gilt dasselbe nicht auch für jeden Christen? Die Frage läßt mich nicht los: „Wofür werben wir?" – Im Grunde staune ich. Kann Gott uns Christen wirklich als „Werbeträger" für seine Liebe gebrauchen? Ich weiß, die Bibel spricht in diesem Zusammenhang von Zeugen des Evangeliums. Dafür möchte ich werben.

Spring mal wieder!

An Weitsprung oder Hochsprung denke ich dabei im Augenblick weniger. Diese Sportarten allerdings beeindrucken mich besonders. Ich bewundere die Sportler, die so weit und so hoch springen können. Bei dem Satz

„Spring mal wieder!“ denke ich jetzt eher an den vielzitierten Schatten, über den angeblich die meisten Menschen nicht springen können. Ich frage: Wer kann denn wirklich über seinen eigenen Schatten springen? Bei diesem Vergleich werde ich an ein Wort aus der Bibel erinnert. Darin ist auch vom Springen die Rede. So bekennt ein Beter im Psalm: Mit meinem Gott kann ich über die Mauer springen. – Dieser Satz gefällt mir. Ich höre daraus sogar etwas Humor.

Besonders aber interessiert es mich, was für Mauern es wohl sein können, über die ich mit meinem Gott springen lerne. Mir fällt dazu zunächst die Mauer des Schweigens ein zwischen zwei Menschen, die sich nichts mehr sagen. Ich stelle mir vor, welch ein Sprung dazu gehört bis zu dem ersten Wort, das sie wieder miteinander reden.

Oder ich denke an einen Menschen, der sich ein festes Bild von einem anderen gemacht hat. Und hinter der festen Mauer der vorgefaßten Meinung verschwindet der andere ganz. Ich vermute, über diese Mauer zu springen, ist besonders schwer. Aber es wird ein befreiender Sprung sein.

Und jetzt fallen mir viele Mauern ein. Angst kann genauso zur Mauer werden wie Arroganz. Ich kann empfindlich reagieren oder Ausreden suchen, und es sind Mauern, die mich vom anderen trennen. Manchmal dauert es sehr lange, bis ich die Mauern überhaupt entdecke, und oft noch länger, bis ich anfange zu springen.

Ich bekomme Respekt vor all denen, die mit ihrem Gott über die Mauer springen. Ich bin sicher, auch dazu gehört gutes Training. Spring mal wieder!

Bitte wenden
Besondere Tage im Jahr

Die große Kerze und der kleine Stummel
Advent

Bei uns auf dem Regal steht eine große Kerze. Sie steht da als Schmuckstück, aber sie brennt nie. Gelegentlich wird sie geputzt, damit sie wieder ansehnlich aussieht. Daneben stand in diesen Adventstagen eine kleine Kerze. Sie brannte, und mit ihrem Schein erleuchtete sie das Zimmer.

Auf einmal hörte ich, wie die große Kerze sich an die kleine wandte und sagte: „Du, versteh mich bitte recht, im Grunde bin ich neidisch auf dich. Du leuchtest und leuchtest, und es wird hell. Und ich stehe hier nur herum. Ich möchte auch leuchten wie du. Ich bin doch auch eine Kerze. Darf ich dich wohl um Feuer bitten?"

„Ich will dir gerne Feuer geben", sagte der kleine Kerzenstummel, „aber weißt du auch, daß du dann nicht mehr in der Weise schön und groß sein kannst wie bisher? Dann wirst du leuchten, dich dabei aber auch verzehren." Sie sagte es und flackerte ein wenig zur großen Kerze hinauf. Dabei lief ein wenig Wachs an ihr herunter.

Da fragte die große Kerze: „Sag bitte, gibt es noch eine andere Schönheit als die, die ich kenne?" – Die kleine Kerze antworte leise: „Erklären kann ich dir das nicht. Das mußt du erleben. Die andere Schönheit und Größe ist manchmal auch schmerzlich, aber wenn du sie hast, dann weißt du immer, wozu du da bist. Sieh mal, ich bin nur ein kleiner Stummel. Mir ist es nicht so wichtig, wie lang mein Kerzenleben dauert. Aber ich freue mich einfach, wenn es durch mich ein Stückchen hell wird in dieser Welt." – Und fragend fügte sie hinzu: „Mir scheint, die großen Menschen haben dieses Kerzengeheimnis vergessen. Manchmal denke ich, sie kennen nur noch deine Größe und Schönheit."

Die große Kerze sagte: „Bitte, gib mir Feuer!"

Schenk Zeit!

Advent

Die Stimme der Dame am Telefon klingt hell. Sie bittet um eine Information, aber vor allem, so sagt sie, möchte sie mir eine gesegnete Adventszeit wünschen. Ich freue mich darüber, und ich staune, denn ich weiß, wie beschäftigt diese Frau ist. Zu Hause hat sie eine Familie zu versorgen, und im Beruf hat sie alle Hände voll zu tun. Ich habe Hochachtung vor dieser Frau. „Wie kommen Sie bei alledem überhaupt zu Rande?" frage ich sie.

Mit etwas Humor in der Stimme antwortet sie: „Wissen Sie, im Advent geht's bei uns auch turbulent zu. Sie kennen das bestimmt. Ich habe aber für mich eine Lösung gefunden. Sie werden lachen, ich habe ein ‚Zeitsparschwein' aufgestellt. Da kommen alle Minuten rein, die ich einsparen kann. Ich sage mir z. B., ich muß nicht alles lesen oder sehen, und schon habe ich fünf Minuten gespart, oder ich muß nicht überall hin, und manchmal springt dabei eine halbe Stunde heraus."

Darauf wende ich ein, so leicht, wie das jetzt klingt, sei das doch bestimmt nicht. Sie entgegnet prompt: „Sie haben recht, oft muß ich gerade bei an und für sich guten Dingen Zeit sparen, um die Minuten dann für mich übrig zu haben." – „Und was machen Sie dann mit Ihrem ‚Zeitsparschwein'?" will ich wissen.

„Zunächst ist mir wichtig, zwischendurch einmal fünf Minuten selber zur Besinnung zu kommen, und, was sonst in diesem Sparschwein drin ist, daraus verschenke ich Zeit. Ich rufe einen Menschen an. Ich schreibe eine Karte. Ich mache einen kurzen Besuch bei dem einsamen Menschen, der über uns wohnt. Zeit ist für mich übrigens mehr als Geld, und es macht mir Freude, einem anderen ein Stück Zeit zu schenken." –

Das Wort zum Advent heißt: „Bereitet dem Herrn den Weg!" Und diese Frau hat daraus für sich gehört „Bereitet dem Herrn die Zeit!" – Schenk Zeit!

Mitten im Trubel
Weihnachten

Trubel kann schön sein. Manch einer stürzt sich sogar in den Trubel, weil es ihm Spaß macht. Hinterher sagt er, es war Jubel, Trubel, Heiterkeit. – Aber zu viel Trubel nervt. Immer nur Hektik macht kaputt. Auf dem Weihnachtsmarkt begegne ich einem Aussteller. Er sagt zu mir: Hören Sie mir auf mit Weihnachten, ich komme überhaupt nicht mehr zur Besinnung! Während wir miteinander sprechen, tönt über den Lautsprecher das Lied von der „stillen und heiligen Nacht". – „Schön wär's!" sagt er noch, während er sich bereits dem nächsten Kunden zuwendet. Dabei kommt über sein Gesicht ein müdes Lächeln.

Die kurze Begegnung mitten im Trubel erinnert mich an den Streß in den Geschäften, an den Termindruck in den Büros, an die Hektik auf den Straßen. Und die Zeitung bringt täglich Berichte von Unfällen, von Skandalen, von politischen Streitereien. Es ist wirklich Trubel, mehr als genug. Bleibt da überhaupt noch Platz für die „stille und heilige Nacht"? – Ich verstehe den Protest vieler Zeitgenossen gegen die Vermarktung des Weihnachtsfestes. Sie wollen aber auch kein Weihnachten mehr als sentimentale Idylle jenseits der verrücktmachenden Hektik. Haben sie nicht recht?

Da fällt mir ein: Das erste Weihnachten ereignete sich mitten im Trubel, auf einer beschwerlichen Reise, in einem überfüllten Ort, in einer politisch gespannten Lage. Jesus kommt nicht in die Idylle, er kommt in die Not, in die Angst, in die Zerrissenheit dieser Welt. Das ist kaum zu begreifen. Aber mir scheint, nur wenn wir das begreifen, sind wir der Weihnacht Gottes auf der Spur. Also doch „Jubel mitten im Trubel". Vielleicht sagen wir dann: „Fang endlich an mit Weihnachten!"

Sieh mal an!
Weihnachten

So ergeht es mir manchmal: Da muß ich erst dreimal hinschauen, um etwas zu entdecken, was andere schon längst sehen. Aber wenn ich es dann mit meinen Augen entdeckt habe, dann wundere ich mich, warum ich dazu so lange gebraucht habe. –

Beim Weihnachtseinkauf begegne ich einem Bekannten, den ich zu den kritisch Distanzierten rechne, was seine Haltung zur Kirche anbelangt. Ich weiß, er selbst bezeichnet sich als „weltoffen“. „Ich lasse mir nichts vormachen!“ das ist so sein Spruch. Um so mehr wundert es mich, was er mir berichtet: „Wissen Sie, bisher habe ich Weihnachten immer als eine Mischung zwischen Rummel mit Geschäft und Sentimentalität mit religiöser Träumerei gehalten. Aber jetzt fange ich an, alles mit anderen Augen zu sehen.“

Und beinahe, um sich zu entschuldigen, fügt er hinzu: „Nehmen Sie mir's nicht übel, aber ich brauche eben mehr Zeit. Jetzt aber lerne ich, in dem Kind in der Krippe wirklich das Wunder zu sehen, daß Gott Mensch geworden ist auf dieser Erde, und was das für mich bedeutet.“

Ich traue meinen Ohren nicht. So etwas hat er noch nie gesagt. Ich denke, das paßt eigentlich gar nicht zu ihm. Aber ich spüre, er hat wirklich etwas für sich entdeckt. Wir verabschieden uns, und ich sage so vor mich hin: „Sieh mal einer an!“ Und während ich das sage, wird mir die Bedeutung dieses Satzes erst deutlich. „Sieh mal an!“ –

Ja, Weihnachten hat auch mit Sehen zu tun. Offenbar kann man Weihnachten auch übersehen, immer wieder daran vorbeisehen. Wie oft müssen wir hinschauen, bis wir die Entdeckung machen? In der Weihnachtsgeschichte heißt es: Laß uns nun gehen nach Bethlehem und die Geschichte sehen. Ob solches Sehen heute schwerer geworden ist? Ich vermute es beinahe. Darum: Sieh mal an!

Es ist kaum zu fassen!

Nach Weihnachten

Es ist kaum zu fassen, wie der Tennisstar seine Asse über das Netz schlägt. Es ist kaum zu fassen, wie die Besten auf den Skiern den Riesenslalom hinunterjagen. Es ist kaum zu fassen, wie die Fußballkünstler die Bälle ins Tor zaubern. Für mich ist es darum kaum verwunderlich, wenn die jeweiligen Fans geradezu außer Fassung geraten. Sie sind begeistert. Sie feiern den Sieg. „Wir haben gewonnen!“ singen sie. So identifizieren sie sich mit dem sportlichen Sieg der Besten.

Da fällt mir etwas ganz anderes ein: Es ist – so meine ich – noch weniger zu fassen, daß der ewige Gott als hilfloses Kind zur Welt kommt. Es ist nicht zu fassen, daß Gott sich auf diese Weise der Welt vorstellt. Es ist nicht zu fassen, daß von diesem Kind in der Krippe die größte Friedensbewegung aller Zeiten ausgegangen ist und noch ausgeht.

Darum ist es auch kaum verwunderlich, wenn Menschen über dieses Ereignis „außer Fassung“ geraten vor Freude. So besingen Christen seit Weihnachten dieses Ereignis in allen Sprachen der Erde. Sie versuchen es in Melodien und Verse zu fassen. Seit Weihnachten malen sie dieses Ereignis, sie gestalten es in Weihnachtskrippen, sie spielen es in Weihnachtsspielen, sie lesen es, und sie hören es. Und sie können es doch nicht fassen.

Der Dichter Paul Gerhardt sagt es so: O daß mein Sinn ein Abgrund wär und meine Seel ein weites Meer, daß ich dich könnte fassen! – Aber es gelingt nicht. Aber etwas anderes geschieht: Menschen werden von dieser Geschichte erfaßt, sie lassen sich erfassen. Und dann sagen und singen und erleben sie es – jeder auf seine Weise – „Wir haben gewonnen!“ Und manch einer staunt über sich selbst: Es ist kaum zu fassen, dieses Kind verändert mein Leben!

Guten Rutsch!

Silvester

„Guten Rutsch!“ sagt der Pförtner freundlich zu dem jungen Mann, der am letzten Arbeitstag des Jahres nach Dienstschluß bei ihm vorbeikommt. Doch dieser reagiert prompt. Mit einem bitteren Ton in seiner Stimme sagt er: „Von wegen ‚Guten Rutsch!‘, Sie haben gut reden. Meine Wirklichkeit ist zu rauh, als daß es gut rutschen könnte. Mir steht der Krach in unserer Abteilung bis hier!“ – Dabei macht er die bekannte Handbewegung und geht. Der Pförtner schaut ihm nach und wird nachdenklich. Wie vielen seiner Kollegen hat er heute bereits diesen Gruß zugerufen?

Am Abendbrottisch erzählt er seiner Frau, was ihm passiert ist. Darauf antwortet sie: „Ach, weißt Du, meist ist das wohl nur so ein Spruch. Kaum einer denkt sich etwas dabei. Aber hat er nicht recht, der junge Mann? Wie soll er mit ‚gutem Rutsch' über die Jahreswende kommen, wenn für ihn das alte Jahr mit Knatsch endet und das neue mit ziemlicher Sicherheit mit Spannungen beginnt."

Einige Augenblicke ist es still am Tisch. Beide denken offenbar noch weiter über den so geläufigen Silvesterwunsch nach. Plötzlich steht der Mann auf, geht zu seiner Frau, schließt sie in die Arme und sagt zu ihr: „Entschuldige bitte, wo ich rauh war zu Dir im vergangenen Jahr, ich meine, wo ich Dich verletzt habe!" – Die letzten Worte bringt er nur schwer über die Lippen. Ihr kommen die Tränen vor Freude. „Vergib Du mir auch, und hab' Dank, daß Du mich liebst!"

Es wird ein schöner Silvesterabend in der Pförtnerfamilie. Zu Mitternacht stoßen die beiden auf das neue Jahr an. Dabei sagt der Mann schmunzelnd zu seiner Frau: „Es rutscht wirklich besser, wenn wieder alles glatt zwischen uns ist."

Der Zeitschlüssel

Zum neuen Jahr

„Darf ich Ihnen einen Kalender mitgeben?" fragt die Verkäuferin den Kunden. „Nein, danke!" antwortet dieser, „ich habe schon drei zu Hause. Aber wenn Sie einen Zeitschlüssel haben, den könnte ich gebrauchen." – Die Verkäuferin lacht laut und sagt: „Ja, so etwas wünschte ich mir auch, aber das gibt's nicht!" – „Sagen Sie das nicht!" erwidert darauf der Kunde, es müßte doch so etwas geben wie einen Schlüssel, der mir hilft, mit meiner Zeit besser umzugehen."

Die Verkäuferin überlegt einige Augenblicke. Dann sagt sie mit einer etwas eigenartigen Betonung: „Da werden Sie wohl drei Häuser weiter besser bedient." – Der Kunde versteht offenbar, was sie meint. „Ach, Sie meinen die Kirche nebenan?" Und dann nach einem nachdenklichen

Zögern: „Damit mögen Sie sogar Recht haben. Aber auch da liegen Zeitschlüssel nicht einfach herum." –

Warum habe ich mich eigentlich an dem Gespräch nicht beteiligt? Das habe ich mich hinterher gefragt. Die Bemerkung „drei Häuser weiter" ließ mich besonders aufhorchen. Eine hohe Erwartung an die Kirche. Mir fiel sofort das Wort der Bibel ein: Meine Zeit steht in deinen Händen! – Das Wort hat einer gesprochen, der für sich einen Zeitschlüssel suchte.

Man müßte dieses in unsere Situation übersetzen können. Meine Zeit in Gottes Hand bei meinem nächsten Termin, bei der nächsten schwierigen Begegnung, bei allem, was mich bedrängt? Ich erinnere mich, früher haben es Christen auf eine sehr anschauliche Weise deutlich gemacht. Auf ihren Kalendern klammerten sie die neue Jahreszahl ein mit den beiden Buchstaben A und D = Anno Domini, zu deutsch „im Jahr des Herrn".

Alle Zeit also eingeschlossen in die Hand Gottes. Das kann eine „Schlüsselerfahrung" werden. –

Das Kreuz im Mülleimer

Karfreitag

Heute ist Müllabfuhr. Die Hausfrau bringt ihren Müllsack zum großen Container. Er ist schon wieder übervoll. Plötzlich sieht sie obenauf liegend ein altes Kreuz. Jemand hat es offenbar weggeworfen.

Sie erschrickt, das Kreuz im Mülleimer? Das darf doch nicht sein, denkt sie. Sie ist hin- und hergerissen in ihren Gefühlen. Schließlich nimmt sie das Kreuz vorsichtig heraus und trägt es nach Hause. Dabei schwirren ihr viele Gedanken im Kopf herum. Sie spürt, jedes Kreuz ist für sie heilig, man kann es nicht einfach so wegwerfen. Sie denkt an das Kreuz in ihrer Kirche. Dort steht ein vergoldetes Kreuz auf dem Altar. Sie weiß, der Küster schließt es immer wieder in den Safe ein, weil es so wertvoll ist.

Plötzlich stehen für sie beide Sätze nebeneinander, „das Kreuz im Mülleimer" und „das Kreuz im Safe". Ihre Gedanken lassen sie nicht mehr zur Ruhe kommen. Beim nächsten Gesprächsabend in ihrem Hause berichtet sie von ihrer Erfahrung. Sie sprechen lange und sehr offen darüber.

Einer meint, das Kreuz Jesu stand doch auch draußen, auf Golgatha außerhalb der Stadtmauern der heiligen Stadt. Gehören darum nicht gerade das Kreuz und der Kummer zusammen, das Kreuz und unsere Ängste, das Kreuz und unsere Schuld, ja das Kreuz und unser „Müll"? Ein anderer überlegt und sagt, vielleicht haben wir uns zu sehr an das Kreuz gewöhnt. Wie leicht schieben wir es sogar ab in den feierlichen Raum, an den Ort jenseits unseres Alltags und all unserer Probleme, ja weit weg in den „Safe". Und dort berührt es uns nicht mehr.

Die Hausfrau sagt schließlich: „Ich habe durch diese Erfahrung viel gelernt. Das Kreuz sehe ich jetzt über all dem ‚Müll' meines Lebens. Jetzt verstehe ich Karfreitag besser."

Das leuchtet ein!

Ostern

Der junge Mann macht uns richtig Spaß. Er darf in der Diskussionsrunde nicht fehlen. Er will immer alles genau wissen. Es dauert oft lange, bis er sich zufrieden gibt. Doch dann folgt plötzlich der Satz: „Das leuchtet ein!" – Und ein Aufatmen geht durch die Runde.

Aber heute ist Ostern unser Thema. Alle sind gespannt. Wird der Satz kommen? Einige sind skeptisch. Bei der Frage nach der Auferstehung wird es schwierig werden, meinen sie. Wir lesen gemeinsam die Osterberichte der Bibel.

Uns fällt auf, damals sind die ersten Zeugen der Auferstehung Frauen, die nach der Einschätzung der damaligen Zeit als Zeugen sehr gering geachtet werden. Und die extra bestellten Wachen verschlafen sogar die Auferstehung. Ob damit deutlich werden soll, daß die Auferstehung so gar nicht bewiesen werden kann?

Einer meint, unser Verstand ist überhaupt nicht die richtige Instanz für die Prüfung der Auferstehung. Er sagt, Liebe kann man zum Beispiel auch nicht mit dem Zollstock messen. Das leuchtet ein, sagt der junge Mann. Alle schmunzeln. Doch er fragt weiter: Wie soll ich dann die Auferstehung begreifen?

Ein junges Mädchen stellt fest, die Zeugen der Auferstehung haben es auch nicht begriffen. Wie sollten sie auch? Aber sie wurden ergriffen, und dann haben sie es weitergesagt. – Wir diskutieren lange über den Unterschied. Er erscheint uns groß.

Schließlich fragt einer sehr persönlich: „Muß es Ostern nicht viel eher heißen, ‚das leuchtet hinein!'? Ostern leuchtet hinein in meine Verzweiflung, in meine Traurigkeit, in meine Resignation. Das war damals genauso." – Es wird ganz still in der Runde. Der junge Mann sagt: „Das leuchtet mir ein!" Alle spüren, wie er es jetzt meint.

Wie die Kinder . . .

Sonntag nach Ostern

„Mutti, mein Bauch kribbelt vor Freude!" Mit diesen Worten kommt das Kind nach Hause. Schnell läuft es der Mutter in die Arme. Es will und es muß von der Freude erzählen. – Ich staune über Kinder. Sie können sich freuen. Und dann denke ich, merkwürdig, wir Erwachsenen erleben so viel und besitzen immer mehr, aber die Fähigkeit zur Freude über die kleinen Dinge geht uns leicht verloren. –

Die Mutter ruft ihre Kinder: „Kommt zum Essen!" Doch nichts rührt sich. Sie ruft ein zweites Mal. Wieder ohne Erfolg. Nach der dritten Mahnung kommen die Kinder schließlich zum Tisch. Die Mutter ist ärgerlich. Wer wollte es ihr verdenken? Doch eines ihrer Kinder sagt: „Mutti, entschuldige bitte, es war so spannend, wir waren ganz weg!" – Ich staune über Kinder. Sie können mit Leib und Seele bei einer Sache sein. Und dann denke ich, merkwürdig, wir Erwachsenen sind oft so zerstreut und zerrissen.

Der Vater stellt seinen kleinen Sohn auf den Tisch und sagt: „Spring in meine Arme!" Und der Junge springt. Er sieht seinen Vater. Er vertraut ihm. Auf solches Vertrauen kann er sich verlassen. – Ich staune über Kinder. Sie leben von der Beziehung zu ihren Eltern. Aus solcher Beziehung können sie ihr Leben wagen, auch wenn es riskant wird.

Und dann denke ich, merkwürdig, wir können nicht mehr so leicht „springen". Unser Vertrauen ist vielfach erschüttert. Unsere Welt ist zu riskant. Da fällt mir ein, Jesus sagt, werdet wie die Kinder. Er stellt uns die Kinder zum Vorbild hin. Sie sollen sogar unsere Lehrmeister fürs Reich Gottes sein (Markus 10,14 f.). Und der Name des Sonntags nach Ostern heißt „Wie die Kinder" (Quasimodogeniti).

Oh, das klingt gut!
Muttertag

Sind Sie musikalisch? – Moment mal, antworten Sie bitte nicht zu schnell. Ich vermute, in einem besonderen Sinne sind Sie sogar hoch musikalisch. Jedenfalls nehme ich an, Sie können genauso gut wie ich heraushören, ob die drei schönsten und wichtigsten „Instrumente", die der Mensch besitzt, gut zusammenklingen. Ich will Ihnen sagen, welche Instrumente ich meine: das Herz, den Mund und die Hände. – Ich weiß, jedes dieser wertvollen Instrumente macht auf seine Weise Musik.

Aber da kann es eben auch Mißklänge geben. Und ob es die geben kann! Davon werden Sie auch ihr Liedlein singen können. Wie klingt es etwa, wenn das Herz nach einer anderen Melodie spielt als der Mund? Oder wie ist es, wenn der Mund nicht zusammen „stimmt" mit der Hand? Oder wenn das Tun der Hände im Mißklang steht zum Ton des Herzens?

Oh, in dieser Beziehung sind wir alle sehr musikalisch. Wir leiden unter jedem Mißklang. Und wenn wir dauernd solchen Mißklängen ausgesetzt sind, können wir nicht leben. Übrigens ist jedes neugeborene Kind „musikalisch". Es empfindet die Mutter als Musik. Das Streicheln ihrer Hände, die Zuwendung ihres Herzens und die liebkosenden Worte des Mundes. „Oh, das klingt gut!" sagt es mit seinem ersten Lächeln. Solche Musik ist lebensnotwendige Nahrung.

Und so dürfen wir – wie ich meine – am Muttertag, jeder auf seine Weise, einmal ordentlich „klatschen" und sagen: Mutter, du bist Musik in meinen Ohren! – Vielleicht finden wir sogar einen Weg, ihr für die vielen „Zugaben" zu danken an den vielen Tagen des Jahres.

Jetzt verstehe ich auch das Lied „Nun danket alle Gott, mit Herzen, Mund und Händen!" – Am besten, wir stimmen alle mit ein, jeder mit seinen „Instrumenten". – Oh, das klingt gut!

Na, denn – Glückwunsch zum Vatertag

Himmelfahrt

Merkwürdig, denke ich, beim Muttertag heißt es immer und überall, eigentlich müßte jeden Tag Muttertag sein, im Grunde sollten wir unseren Müttern täglich für alle ihre Liebe danken, die sie uns schenken. – Beim Vatertag ist das anders. Da gibt es sofort Stimmen: Einmal im Jahr, aber dann reicht's.

Nun, da mag jemand einwenden: Gibt es nicht auch manchen Anlaß, den Vätern einmal besonders zu danken? Ich bin sicher, das geschieht in vielen Familien. Es ist allerdings richtig, der Vatertag hat eine andere und so merkwürdige Prägung bekommen.

Und schon höre ich jemanden fragen: Wie kommt es eigentlich, daß gerade der Himmelfahrtstag als Vatertag gewählt wurde? – Ich muß zugeben, ich weiß es nicht. – Aber könnte es sein, weil die meisten mit dem Sinn des Himmelfahrtsfestes nichts mehr anzufangen wußten? – Oder hat der Himmelfahrtstag doch etwas mit dem Vater zu tun, wenn auch in ganz anderer Weise?

Mir fällt auf, die Bibel spricht tatsächlich davon, daß Jesus an diesem Tag zu seinem Vater im Himmel zurückkehrt. Er kehrt heim von der größten und schwersten, aber auch folgenreichsten „Dienstreise" im Dienste Gottes. – Ach so, fragt einer, feiern Christen deswegen „Gottes-Dienst"? – Ja, genau, und weil Jesus seinen Auftrag ausgeführt hat. – Er hat uns Menschen Gott als den liebenden Vater vorgestellt und eben auch vorgelebt. Der Vater ist der, der das Verlorene sucht, der den Verstoßenen annimmt und der dem Schuldigen vergibt. Solch ein Vater? Das ist kaum zu fassen.

Aber wenn das so ist, dann haben wir ja wirklich Grund, jeden Tag Vatertag zu feiern. So schnell können wir das nicht begreifen. Na, denn aber wirklich: Glückwunsch zum Vatertag!

Was wird aus der Kirche?

Sonntag vor Pfingsten

Die Frage ist nicht neu. Im Grunde hat sie schon die Christen in der Urkirche bewegt. Eine alte Legende erzählt davon: Als Jesus nach der Himmelfahrt zu seinen Engeln zurückkehrt, fragen sie: „Wie soll es denn weitergehen?“ Jesus antwortet: „Durch die da!“ Dabei weist er auf seine Jünger, die gerade vom Berg der Himmelfahrt nach Jerusalem zurückkehren. Darauf die Engel schlagfertig: „Und wenn es mit denen nicht klappt?“ – Jesus antwortet: „Eine andere Lösung habe ich nicht.“

So die Legende. Offenbar ist sie in den Gemeinden Palästinas nach der Himmelfahrt Jesu entstanden. Die Christen sagten sich: Macht haben wir nicht, Geld haben wir nicht. Einfluß haben wir nicht. Wie soll es mit der Sache unseres Herrn weitergehen? – Da ist ihnen deutlich geworden: Durch uns! Durch unser Wort, durch unser Zeugnis, durch unser Leben. Wir sind die Boten seiner Liebe.

Verstanden haben sie das bestimmt nicht. Das war auch alles andere als logisch in einer Welt der Macht, der Intrigen, der Ausbeutung und der Gewalt. Aber sie haben sich an das Wort Ihres Herrn gehalten. Und so ist es mit der Kirche weitergegangen. Wo immer aber Macht und Gewalt im Namen des Evangeliums angewandt wurden, da hat es der Kirche geschadet.

Und was wird heute aus der Kirche? Die Frage wird wieder intensiv diskutiert. Ob es sein kann, daß wir wieder von den ersten Christen lernen? Wenn die Macht der Kirche zurückgeht, könnte das Zeugnis der Christen wieder besser gehört werden. Wenn die Erwartungen an „die da oben“ nachläßt, könnte die Bereitschaft der Christen „da unten“ wachsen, Zeugen der Liebe zu sein. So hat Jesus vor seiner Himmelfahrt gesagt: Ihr werdet meine Zeugen sein!

Kehr bei uns aus!

Pfingsten

Ein Wettbewerb wurde ausgeschrieben. Wer gestaltet das beste Plakat zum Thema: Wie wird die Kirche neu? –

Viele Künstler machten sich an die Arbeit. Ein Graphiker legte schließlich ein Plakat vor, auf dem lediglich ein einfacher Reisigbesen in Aktion zu sehen war. Das Plakat erhielt den zweiten Preis. Ob es nach Meinung der Jury für den ersten Preis doch zu provokativ war?

An dieses Plakat werde ich auch zu Pfingsten erinnert. In diesen Wochen singen Christen den schönen alten Choral „O, Heiliger Geist, kehr bei uns ein!" Mir aber fällt beim Singen dieses Liedes und beim weiteren Nachdenken über das Plakat mit dem Reisigbesen immer wieder eine etwas veränderte Textzeile ein: „O, Heiliger Geist, kehr bei uns aus!"

Ich weiß, es ist ein ziemlich gewagtes Bild, den Heiligen Geist in Verbindung mit einem Reisigbesen zu denken. Aber könnte solches Auskehren nicht auch unsere Kirche erneuern? Ich möchte gleich hinzufügen, ich denke dabei nicht nur an das Auskehren von zu viel Institution, zu viel Organisation und zu viel Tradition. Das wird auch nötig sein. Mir liegt zunächst aber viel Näherliegendes am Herzen im Blick auf mein eigenes Christsein und auch das anderer Menschen.

Ich möchte etwa singen: O, Heiliger Geist, kehr bei mir aus den Mehltau, der sich auf meinen Glauben gelegt hat und ihm die Spannkraft nimmt, kehr bei mir aus den feinen und oft so lästigen Staub, der mein Christsein als eine überholte und traurige Sache erscheinen läßt.

Kehr bei mir aus . . .! Es gibt vieles auszukehren. Ich weiß, solches Auskehren ist nicht leicht, aber es ist immer wieder nötig. Ob so etwas mit dem alten Pfingstlied im Grunde auch gemeint ist?

Bitte wenden!

Bußtag

Täglich bekomme ich Anschauungsunterricht im Wenden. Ich wohne am Ende einer Sackgasse, am sogenannten Wendehammer. Da ist noch weniger Platz zum Wenden als bei einem Wendekreis. Ich beobachte die Autofahrer. Mit Schwung kommen sie angefahren. Doch dann stoppen sie, weil es nicht weitergeht. Sie legen den Rückwärtsgang ein. Ich sehe das an den Rückscheinwerfern. Dann lenken sie um und setzen einige Meter zurück. Und schon starten sie in die neue Richtung. Ich stelle fest, je größer der Wagen, desto schwieriger das Wenden. Das Wort „Wendehammer" gefällt mir nicht. Aber der Anschauungsunterricht im Wenden hilft mir. Dabei denke ich übrigens nicht an meine Fähigkeiten als Autofahrer.

Sie werden lachen, ich werde dabei immer wieder an mein kleines Leben und an meine Möglichkeit zum Wenden erinnert. Oft spüre ich, ich bin in eine Sackgasse geraten. Die Richtung stimmt nicht. Ich habe etwas getan, was verkehrt ist. Da fällt mir das „Wenden" nicht leicht. Manchmal bin ich zu stolz. Manchmal auch zu sehr in Fahrt. Und dann wage ich es doch. Ich stoppe. Ja, ich komme zur Besinnung. Ich nehme mir Zeit zum Umdenken. Dann lege ich den Rückwärtsgang ein. Ich spreche im Gebet vor Gott oder vor einem anderen Menschen aus, wo ich mich verrannt habe. Das ist gelegentlich ein schweres Stück Arbeit. Ich werde an die großen Autos erinnert. Aber dann bekomme ich „Fahrt frei" in die neue Richtung. Mein Leben bekommt wieder eine neue Perspektive.

Hinterher wird mir immer deutlich, solche „Wendemöglichkeit" ist doch kein Soll. Darin liegt doch eine Chance, die Chance umzukehren. Übrigens ist Jesus mit der Einladung „Bitte wenden!" an die Öffentlichkeit getreten. „Kehrt um, das Himmelreich ist da!" Das Wort „Bußtag" scheint mir von daher ziemlich irreführend. Es klingt so traurig, so moralisch. – Bitte wenden! Das ist eine Einladung zur Umkehr.

Ziemlich unverschämt

Ewigkeitssonntag

Das ärgert mich: Da drängt sich jemand nach vorn, und er kommt damit durch. Da führt jemand das lauteste Wort, und er kommt damit an. Da versteht es jemand, sich auf alle nur mögliche Weise ins Spiel zu bringen, und er hat damit Erfolg. Manchmal empfinde ich das als ziemlich unverschämt.

Aber das ärgert mich auch: Da vertritt jemand seinen Standpunkt, aber sobald ihn ein anderer in Frage stellt, steckt er zurück und gibt auf. Da hat jemand eine Überzeugung, aber er hält damit hinterm Berge, so daß man ihn nicht wahrnimmt. Da weiß jemand, wo's lang geht im Leben, aber er macht selber einen so ängstlichen Eindruck, daß man ihn nicht ernst nimmt. Manchmal denke ich, es gibt zu viele von solchen „Verschämten", wie ich sie einmal nennen möchte. Ob ich ihnen eine Portion Unverschämtheit wünschen darf?

Aber nein, das Wort Unverschämtheit hat so einen negativen Klang. Wer will schon als unverschämt gelten? Aber da fällt mir ein: Die Bibel erzählt von einem Menschen, der um seines Glaubens willen verspottet und angegriffen wird. Er antwortet darauf: „Ich schäme mich des Evangeliums von Christus nicht!" Alle Achtung, meine ich. Ob man so etwas eine Un-Verschämtheit nennen darf?

Oder: Da singen Christen an den Gräbern Auferstehungslieder. Oft ist das als eine herausfordernde Unverschämtheit empfunden worden. Jemand sagte zu mir: „Wenn ich sterbe, dann karren sie mich auf den Friedhof, und damit ist Schluß." Für ihn war es ärgerlich, und er empfand es als unverschämt, wenn Christen dann von Jesus als dem Sieger über den Tod und vom ewigen Leben sprachen. – Nein, laut und aufdringlich möchte ich nicht sein, aber doch klar und eindeutig. Ob es das gibt: Ziemlich un-verschämt in diesem anderen Sinn?